龍興
용흥동 이야기

龍興
용흥동 이야기

글 · 이재원

도서출판 나루

이야기를 시작하면서

용흥동에는 남북으로 세 개의 길이 있었습니다.
좌측부터 철길이, 도로가 그리고 물길이 그 세 번째입니다.
철길은 철길숲이 되었고, 도로는 우회도로로 그 기능을 넘겨줬고 물길은 복개가 되었습니다.

용흥동에는 북서쪽에서 남동쪽으로 세 개의 길이 생겼습니다.
아래에서부터 용흥로, 새마을로, 그리고 다시 용흥로입니다. 예전에는 감실골, 대왕골(대안골, 대흥골), 그리고 우미골로 불렸던 곳입니다.

세 개의 길이 만나는 곳에 연화재가 있습니다.
연화재는 안포도로(포항-안동 간 도로)의 고갯길로 기계로 넘어가던 포항의 길목으로 용흥동에 속하며, 흥해읍 대련리와 경계를 이룹니다.

용흥동에는 세 개의 골짜기를 이루는 네 개의 산이 있습니다.
양학동과 경계를 이루는 양학산, 탑산이라 불리는 죽림산, 아파트와 학교가 들어선 대흥산, 그리고 신흥동과 경계를 이루는 수도산입니다.

용흥동에는 비교적 못이 많았습니다.

용이 올라갔다는 용소龍沼는 매워져 남부초등학교가 들어섰고, 죽림산 양쪽으로 있던 못은 한국수산자원관리공단과 현대아파트가 각각 자리해 있습니다.

포항여자전자고등학교가 있는 자리도 못이었습니다.

마지막 남은 골짜기 못 '대안지'는 수상 데크가 설치되고 인근에 체육공원이 생겼습니다.

용흥동을 책으로 남겨야겠다는 생각을 구체화하게 된 건 '포항지역학연구회' 활동을 하면서입니다. 포항의 옛 자료를 찾으며 용흥동 자료가 더욱 친근하게 다가왔고, 어릴 때를 기억하게 하는 장소의 사진이라도 발견하게 되면 고향에 살면서도 더욱 고향이 그리워졌습니다.

저의 용흥동 이야기가 많이 부족하겠지만, 많은 분의 기억과 고증으로 풍성해지길 바라는 마음에서 시작해봅니다. 용흥동뿐 아니라 포항의 모습을 간직한 다른 동네에서도 비슷한 작업이 이루어진다면 더욱 기쁘겠습니다. 작은 동네의 이야기들이 모여 우리 지역 이야기가 되고, 또 그 이상의 이야기가 순차적으로 이루어짐은 굳이 말씀 안 드려도 될 것입니다. 부족한 글, 추억 여행하듯이 편하게 봐주시면 고맙겠습니다.

귀한 사진들이 용흥동의 옛 기억들을 살려주었습니다. 자칫 없어질 오래된 사진들을 소중히 모아 포항시 자료로 만들어 주신 시설관리공단 이광희 본부장님, 죽림산과 수도산을 비롯해 용흥동 골짜기를 함께 다니며 사진으로 남겨준 김정호 작가, 일제강점기 때의 포항 자료를 검색·번역해주신 김진홍 부국장님, 책 전체의 교정까지 꼼꼼히 살펴주신 영원한 남부초등 선배인 김일광 동화작가님(19회 졸업)을 비롯해 포항지역학연구회의 격려가 없었으면 이 책은 나오지 못했습니다. 책에 싣지 못했더라도 인터뷰에 응해주신 모든 분께도 감사의 말씀을 드립니다.

2019년 가을에

이재원

행정구역 변천

용흥동은, 신라 때는 '근오지현(斤烏支縣)', 신라가 통일된 이후에는 '임정현(臨汀縣)', 고려 때부터 조선까지는 '영일현(迎日縣) 또는 연일현(延日縣)'에 속했습니다. 용흥동(龍興洞)이 행정구역으로 처음 등장한 건 1914년입니다. 당시는 '포항시' 이전의 '영일군'이었습니다. 우리가 지금 용흥동이라 부르는 지역이 행정구역 상으로 어떻게 변해왔는지 살펴보겠습니다.

1731년. 영일현 북면 포항리 *포항이라는 지명이 처음 나타나다.
'포항(浦項)'이라는 지명이 공식적으로 처음 나타나는 것은 영조 7년(1731) 포항창진을 설치하면서입니다. 1750년대 발간된 해동지도의 영일현 편에는 포항창의 지명이 이미 나타납니다. 창진이 설치된 마을은 영일현 북면 대흥리였는데, 대흥리를 포항리로 개칭하고, 창진 이름을 포항창진이라 불렀습니다. 이때 용흥동은 영일현 북면 포항리에 속했습니다.

1896년. 연일군(延日郡) 북면 포항동
영일현이 영일군으로, 또다시 연일군으로 개명되었습니다. 그러면서 현재의 용흥동 지역은 연일군 북면 포항동에 속하게 되었습니다.

1914년. 영일군 포항면 용흥동 *용흥동이라는 지명이 처음 나타나다.
1914년 행정구역 개편이 있었습니다. 즉, 연일군, 흥해군, 청하군, 장기군 4군이 통폐합되어 영일군이 되었습니다. 영일군은 17개 면으로 이루어졌고 신설된 포항면도 포함되었습니다. 용흥동은 포항면에 속했습니다. 즉 영일군 포항면 용흥동이었습니다.

1917년. 영일군 형산면 용흥동
포항면에는 16개동이 있었는데, 1917년 새로운 면제(面制)로 포항동, 학산동, 두호동 3개 동이 포항지정면이 되고 용흥동을 비롯한 나머지 13개 동은 신설된 형산면에 편입되었습니다.

1938년. 영일군 포항읍 용흥동
1931년에 포항지정면이 포항읍으로 승격하고, 1938년에 포항읍이 형산면과 대송면의 송정동 일부를 편입하면서 용흥동도 포항읍에 속하게 되었습니다. 이때 용흥1동과 용흥2동으로 나뉘었습니다.

1949년. 포항시 용흥동
1949년 포항시로 승격하면서 포항시와 영일군으로 나뉘었습니다. 1955년 용흥1, 2동을 용흥동으로 통합하였고, 1961년 다시 용흥1, 2동으로 나뉘었습니다.

1995년. 포항시 북구 용흥동
1995년 포항시와 영일군이 통합되면서 남구와 북구가 설치되었습니다. 1998년 용흥1, 2동과 대흥동 일부가 통합되어 용흥동으로 명명되었습니다.

차 례

이야기를 시작하면서 / 5
행정구역 변천 / 8

산

죽림산(탑산)
전몰학도충혼탑, 포항지구전적비, 학도의용군전승기념관 / 19
사찰 1 - 죽림사 / 25
덕림사(德林祠) / 25
용흥동 신라묘 / 27
용흥1동사무소 / 31

대흥산
대단지 아파트 1 - 용흥우방아파트 / 36
온천 in 용흥동 / 37

수도산 (모갈산, 갈뫼)
서산터널 / 43

용흥동 산불 / 44
용흥동 등산길 / 46

길

강
칠성천 / 51

철도
용흥건널목 / 59

도로
연화재(안포가도) / 65
교회 1 - 포항제일교회 / 74
포항의 동맥, 7번 국도 / 76
포항뻐스공동정유소 / 80
포항시 우회도로(남부고가, 동지고가) / 84

골

용당리
포항남부초등학교 / 95
용당(龍堂)터 / 98
경상북도포항교육지원청 / 99
포항변전소 / 100
기사로 보는 용흥동 1 - 포항 피습 상보 / 101
용흥2동사무소 / 102
필로스 호텔(구, 시그너스 호텔) / 104
교회 2 - 남부교회, 지금은 포항서림교회 / 106

감실골

도립포항의원, 도립동해의료원, 그리고 포항의료원 / 112
감실못 / 120
사찰 2 - 대성사 / 122
기사로 보는 용흥동 2 - 초등학교 운동장에 나타난 멧돼지 / 124

대왕골(대안골, 대흥골)

동지교육재단 4개 학교 / 131
대단지 아파트 2 - 현대아파트 / 134
대단지 아파트 3 - 도시의 흉물, 금광 포란재 / 135
사찰 3 - 운흥사 / 137
대안지 / 140

우미골

도축장 / 144
기사로 보는 용흥동 3 - 낙성식과 수혼제 / 146
기사로 보는 용흥동 4 - 포항의 도우장으로 송전설비 / 147
포항실내사격장 / 149
기사로 보는 용흥동 5 - 포항 향군 춘계대회 사격성적 / 150
포항여자전자고등학교 / 151

지방골

용흥주택단지 조성계획 / 155
용흥2동에 석유가 난다? / 156
기사로 보는 용흥동 6 - 産油(산유)에의 꿈 차분히 / 157
기사로 보는 용흥동 7 - 석유에... 온천에... 활짝 핀 포항 / 159
기사로 보는 용흥동 8 - 강제수용 부지 원소유자에 환매촉구 / 160
대단지 아파트 4 - 양학산KCC스위첸아파트 / 161

용흥동 지명 / 164
용흥동 연혁 / 166
에필로그 / 170

포항의 옛 이야기
1. 죽림산 전설 / 18
2. 용대이마을 칠성교의 전설 / 56
3. '신라소재상부인순절비' / 66
4. '충비갑연지비' / 69

동네 사람 인터뷰
1. 모두(modoo)커피 / 38
2. 동해약국 / 90
3. 동흥상회 / 108
4. 김병기 / 126
5. 감실골발전협의회 / 127
6. 한무합기도무술관 / 138
7. 허경태 / 139
8. 신대전돼지갈비 / 152

1978년 양학산에서 바라본 용흥동.
죽림산과 너머로 대흥산이 보이고 오른쪽으로 수도산이 보인다.
동해의료원과 감실못이 있는 한적한 마을 풍경이다.

산

용흥동은 전체 면적의 대부분을 산이 차지합니다. 동북쪽으로 갈뫼(갈산, 모갈산이라고도 함)라 불렸던 수도산이 신흥동, 육거리와 경계가 되고, 남쪽으로 내려오면서 대흥산, 죽림산, 양학산이 자리하며 양학산은 학잠동(득량동과 합쳐져서 현재 양학동이 됨)과 경계를 이룹니다.

신광 비학산에서 흥해 도음산을 거쳐 포항 도심의 명산 죽림산을 이룬다. 1957년 전몰학도 충혼탑이 생긴 이후부터 탑산이라 흔히 부른다. 산 아래 감실골은 옛 모습을 찾을 길 없으나 멀리 충혼탑은 변함없이 그 자리에 있다. 사진 제공 : 변경도

죽림산(탑산)

우리 도시가 어떻게 변화해 왔느냐를 알기 위해서는 여러 수고가 필요합니다.

가까운 근래는 기억하는 사람의 증언을 듣는 게 큰 도움이 되고요, 그보다 더 오래전 일은 옛 자료를 찾아봐야 하는데 사진이 제일 좋지요. 정확한 지도라도 발견하면 이건 뭐 분실한 퍼즐의 조각을 찾은 듯한 기쁨이 있습니다. 그런가 하면, 옛 사진이나 고지도를 현재 지형과 비교해봐야 하는데, 생각만큼 간단하지 않은 일입니다. 강줄기가 바뀌었고 해안선도 달라졌고 산은 아예 없어진 경우도 있기 때문입니다. 그래서 산을 허물고 뭔가를 개발하는 걸 볼 때면 화가 납니다. 예전처럼 인구가 급증해서 도로망이나 주택이 많이 부족한 것도 아니니 더욱 그렇습니다. '보존'과 '개발'은 그래서 공론화가 필요한 철학의 문제이기도 합니다.

도시의 옛 모습과 현재 모습을 비교할 때 가장 많이 찾게 되는 것이 산입니다. 용흥동은 단연 죽림산이 그 기준이 될 수 있습니다. 흔히 포항 시민들은 탑산이라고 알고 있는 바로 그 산말입니다.

100년도 더 된 1917년에 제작된 포항 지도가 있습니다. 꽤 정확한 지도로, 중요한 자료인데요. 그 지도에도 죽림산竹林山이 명시되어 있습니다.

1917년 1만분의 1 척도의 포항 지도.
100년이 지난 지도이나 꽤 정확하다.
죽림산이 선명하게 표기되어 있음을 확인할 수 있다.

포항의 옛 이야기 1 - 죽림산 전설

감실못에서 한 젊은 여인이 빨래를 하고 있었습니다. 갑자기 천지를 진동시키는 듯한 우레 소리가 터져 나와 여인이 깜짝 놀라 하늘을

쳐다보았더니, 어디선가 큰 산 하나가 동해를 향해 날아오고 있는 것이었습니다. 여인은 자신도 모르게 "아이고, 산 날아온다!"하고 소리를 질렀습니다. 그 순간 날아가고 있던 산이 그 자리에 우뚝 멈춰 섰다고 합니다.

대나무 숲이 우거져 죽림산이라고 하는 이 산은, 산의 형세가 봉황이 날아가고 있는 모습이라 하여 봉비산鳳飛山이라고도 하고, 다리를 구부리고 있는 말등과 같다 하여 복마산伏馬山이라고도 하며, 말이 달리고 있는 형국이라 하여 주마산走馬山이라고도 합니다.

전몰학도충혼탑, 포항지구전적비, 학도의용군전승기념관

죽림산이 주로 탑산으로 불리게 된 것은 산 정상에 탑이 있어서이겠지요? 6·25전쟁 때 포항지구 전투에서 산화한 학도의용군을 기리기 위해 전국학도호국단에서 건립한 '전몰학도충혼탑'이 있습니다. 1957년에 건립이 되었고요. 당시 우리나라 산들은 나무가 거의 없는 민둥산이나 다를 바 없었습니다. 그래서 시내 어디에서나 이 탑이 보였을 겁니다. 그래서 탑산이라 불렸던 것도 같습니

1957년에 세워진 전몰학도충혼탑. 6·25전쟁 당시 포항지구 전투에서는 1349명의 학도의용군이 전사해 전국에서 학도의용군의 희생이 가장 많았다.

다. 이 충혼탑 정면에는 천마상 부조가 있습니다. 당시 서울대학교 미술대학 김종영 교수가 제작하였고 다음과 같은 작품 메모를 남겼습니다. '구천을 종횡으로 달리는 천마의 모습은 호국의 신으로 산화한 학도병의 상징이 아닐 수 없다.'

전몰학도충혼탑에 있던 천마상 부조.
서울대학교 미술대학 김종영 교수가 제작하였고 현재는 학도의용군전승기념관에 전시되어 있다.

산 정상에서 50여 미터 내려오면 1979년 12월에 건립된 '포항지구전적비'가 비교적 넓은 곳에 세워져 공원으로 조성되어 있습니다. 2002년 '학도의용군전승기념관'이 산 아래 건립되면서 이 일대는 호국의 의미를 되새기는 교육장으로 활용되고 있습니다.

포항지구전적비 제막식.

죽림산의 산 정상에 있는 전몰학도충혼탑에서 50여 미터 아래로 내려오면 포항지구전적비가 세워져 있다.

2002년 건립된 학도의용군전승기념관.
6·25전쟁 때 숨진 학도의용군을 기리는 유일한 기념관으로 전시실과 교육관 등이 갖춰져 있다.

1982년 죽림사 광경.
죽림산 아래에 있는 죽림사는 신라 때 창건한 절로 전하며 여러 차례 새로이 지어지며 오늘에 이른다. 사진에서 보이는 절 앞의 민가들이 현재는 절마당이 되었다. 사진에서 오른쪽에 보이는 건물이 당시는 용흥1동사무소였으며 동사무소 이전 후에는 현재 죽림사 건물이 되었다.

2019년 죽림사.
죽림산은 산의 형세가 봉황이 날아가고 있는 모습이라 하여 봉비산이라고도 하였는데, 절 입구에 '봉비산 죽림사'라고 써 놓았다.

사찰 1 – 죽림사

　죽림산 아래 있는 절로, 절 이름에도 같은 '죽림'이 들어 있습니다. 1809년 죽림사가 중창될 때의 죽림사 상량문이 보존되어 있습니다. 상량문에는 "지금 포항 죽림산은 신라 때 봉비산이라 하였으며 그 아래 한쪽 구역에 절터가 있으니 이것이 그 당시의 죽림사 자리다."라는 대목이 있어 죽림사는 신라 때 창건되었음을 알 수 있습니다. 죽림사는 1929년 용흥동 91번지에 다시 지어졌다고 합니다. 지금 있는 죽림사 건물은 1980년에 새로 건립되었고 1983년에는 유치원이 새로이 지어져 개원하였다가 현재는 절 건물로 사용하고 있습니다.

덕림사(德林祠)

　용흥동 죽림산 근처에 덕림사가 있었다고 합니다. 1979년 한글학회에서 펴낸 『한국지명총람』에 다음과 같은 이야기가 나옵니다.
　'정조 18년(1794)에 창건하여 우암 송시열을 제사 지내고, 헌종 14년(1848)에 우암의 영정을 봉안하여 내려오다가, 고종 5년(1868)에 헐리었으며, 1914년에 수재遂齋 최익수崔翊壽의 주선으로 대송면 성좌동(지금의 대송면 남성리)에 중건하였음'

1899년 연일군 지도에는 '덕림사'가 명시되어 있습니다. 용흥동이 1899년에는 연일군 북면 포항동이었던 시기로 지도에서도 '북면'과 '포항'이 잘 나타나 있습니다. 결정적으로 '대흥산'이 표기되어 있어서 '덕림사'가 오늘날 죽림산 근처였다는 것이 확인됩니다. 하지만 아쉽게도 덕림사가 있었던 정확한 위치는 알 수 없습니다.

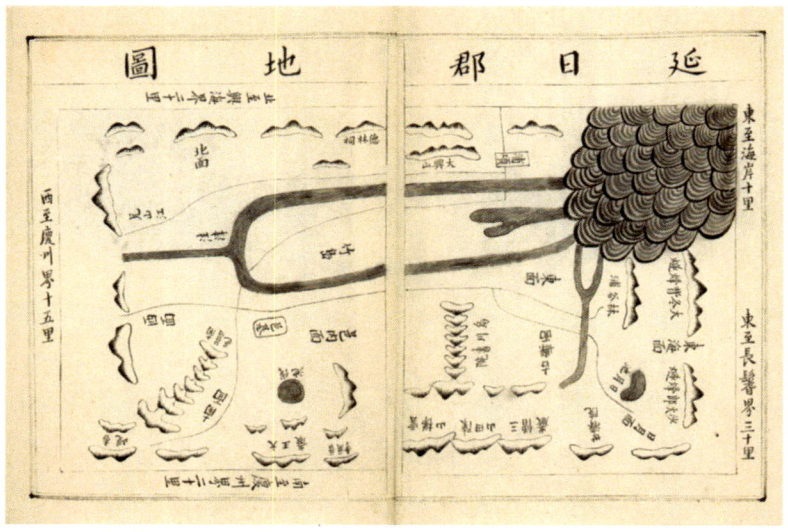

1899년 연일군읍지에 있는 연일군 지도이다. 1899년이면 용흥동 지역은 연일군 북면 포항동에 속했다. 지도에서도 '북면'과 '포항'이라는 표기를 볼 수 있다. 북면에 여러 산들이 그려져 있는데 '대흥산'과 '덕림사'가 명시되어 있다.

용흥동 신라묘

 포항의 역사를 쫓다 보면 구도심보다는 흥해라든지 장기, 연일 등지에 관련된 자료나 유물이 많습니다. 그도 그럴 것이 이전의 흥해, 청하, 연일, 장기가 합쳐져서 현재의 포항이 만들어졌으니 어쩌면 당연한 일입니다. 포항의 도심은 형산강 하구가 만들었던 지형으로 사람이 생활한 게 그리 오래 되지 않았습니다. 하지만 산을 끼고 있는 양학동(득량동, 학잠동), 용흥동은 비교적 예전부터 마을로서 이름이 있었습니다.

 2006년 9월 25일, 이러한 사실을 뒷받침할 중요한 유적이 발견되었습니다. 용흥동 89-46번지 일대 소방도로 개설 공사 구간 중에서 신라시대 토기가 노출되었다는 시민제보가 있었습니다. 국립경주박물관이 조사를 한 결과 삼국시대 분묘로 추정되는 유구가 존재함을 알게 되었지요. 하지만 예산상의 문제로 발굴조사는 2007년 4월이 되어서야 이루어졌습니다.

 발굴 결과 유적은 주곽과 부곽을 일렬로 나란히 배치한 '주부곽식主副槨式의 세장방형細長方形 목곽묘木槨墓'로 토기 42점을 비롯하여 금동제대관편金銅製帶冠片과 금동제삼엽문환두대도金銅製三葉文環頭大刀 등 총 49점의 유물이 출토되었습니다. 특히 금동관은 포항지역에서 유일하게 출토되어서 매우 중요한 자료이며, 유물로 보아 무덤이 만들어진 시기는 5세기 말에서 6세기 초에 해당하는 것이었습니다.

그러면 왜 이곳에 신라시대의 묘가 있었을까를 생각해 보게 됩니다. 포항의 지형은 서쪽으로 태백산맥이 지나가는 지맥에 의한 산지가 있고, 동쪽으로는 영일만이 있습니다. 용흥동은 산맥이 낮아져 평야와 만나는 곳이며 동쪽으로 형산강과 영일만이 바라보이는 명당이었던 것이지요.

그리고 예나 지금이나 용흥동 앞길은 경주와 동해안을 잇는 중요 교통로였습니다. 하지만 그 동안 삼국시대 유적이 확인된 적이 없어서 포항 북쪽의 흥해 지역이 이 일대의 중심지로 알려져 왔습니다. 그러나 삼국시대 지배층으로 볼 수 있는 금동제대관 등의 유물이 있는 목곽묘가 포항 지역 최초로 발굴됨에 따라, 동해안으로 진출하는 주요 교통로 및 영일만의 포구를 관장하는 정치세력이 존재했을 것으로 추론할 수 있게 된 것이죠. 그런 의미에서 형산강 하구인 포항 시내에서 처음 조사된 삼국시대 무덤이 용흥동에서 발견되었다는 것은 의미가 크다 하겠습니다.

그러나 어찌된 일인지 신라묘가 발견된 지 십 수 년이 지난 오늘날, 용흥동에 신라묘가 있었다는 표지판조차 없는 실정입니다.

유구 전경.(사진출처 : 국립경주박물관)

복토 후 현장 전경.
(사진출처 : 국립경주박물관)

유물이 출토되었던 장소의
2019년 현재 모습.
표지판조차 없는 실정이다.

1971년 용흥1동사무소. 기와집의 동사무소 건물뿐 아니라 '힘차고 알차게 일하자'라는 구호와 '용흥1동 보리증산실천본부', '용흥동 제1투표구선거관리위원회' 현판이 눈에 띈다.

당시 용흥1동사무소가
있던 자리의 현 위치.

용흥1동사무소

'동사무소'라는 이름도 이제는 추억을 떠올리는 단어가 되었습니다. 동 개편도 이루어지고 동사무소란 이름도 '행정복지센터'라는 왠지 외형만 커진 듯한 이름으로 바뀌어 있습니다.

용흥동은 1961년부터 1998년까지 용흥1동과 용흥2동으로 나뉘어 있었습니다. 지금의 포항의료원 주변으로 용흥1동이었고, 남부초등학교 주변은 용흥2동이었습니다.

용흥1동사무소는 현 용흥동행정복지센터에서 포항역 방면으로 170m 정도 떨어진 곳에 기와집으로 있다가 죽림사 옆 양옥 건물로 이전하였습니다. 현재는 통합되어 현대아파트 입구에 용흥동행정복지센터로 있습니다.

1977년 용흥1동사무소. 죽림사 앞에 위치한 2층 건물의 동사무소이며 사진에서 동사무소 오른쪽으로 '안락사'라는 사찰 건물이 보인다. 현재는 없어지고 빈 공터로 남아 있다.

당시 용흥1동사무소 건물의 현재 모습. 죽림사에서 사용하고 있다.

1996년 신축 용흥1동사무소.
현대아파트 앞 새로이 지어진 용흥1동사무소이며 1998년 용흥1동과 2동이 통합될 때 통합 동사무소가 되어 현재 용흥동 행정복지센터가 되었다.

대흥산

　용흥동의 산들은 신광 비학산이 흥해 도음산을 거쳐 동해 바다로 뻗어 내리면서 만들어진 산세입니다. 죽림산이 그렇고 대흥산이 그렇습니다. 우미골과 대흥골(대안골, 대왕골) 사이에 있는 산이 대흥산입니다. 현재의 지형에 익숙한 분들은 쌍용아파트와 현대아파트 사이로 보이는 산입니다. 더 쉽게 말씀드리면 용흥우방타운아파트가 있는 곳입니다. 아파트가 들어서면서 초등학교와 중학교가 생겼습니다. 1992년 포항국민학교에서 분리되어 포항대흥국민학교로 개교되었고, 대흥중학교 또한 1992년에 개교하였습니다. 학교 이름이 '대흥'인 이유가 바로 대흥산에 위치하기 때문입니다. 이전 예정인 경북과학고등학교(1993년 개교) 또한 대흥산에 있습니다. 하지만 산을 가로질러 우미골에서 연화재로 도로가 나면서 산의 모습은 많이 변했습니다.

수도산에서 바라본 대흥산. 산 양쪽 옆으로 대흥골과 우미골을 만드는 용흥동의 주요 산이나 용흥우방아파트와 대흥초등학교, 대흥중학교 등이 들어서면서 산의 모양은 많이 변하게 되었다.

경북과학고등학교 개교식. 1993년 용흥동에 개교한 경북과학고등학교는 학교부지가 좁아 이전 이야기가 계속 있었다. 지난 2005년에 경산으로 이전한다는 계획이 언론에 나오자 포항지역의 반대로 무산되었고 현재는 남구 지곡동으로 이전이 확정되어 공사 중에 있다.

대단지 아파트 1 - 용흥우방아파트

 도시가 커지면서 아파트 또한 급증하는 것은 어쩌면 당연한 일입니다. 하지만 아파트 부지를 확보하기 위해 연못을 메우고 산을 깎아야 하는 것은 안타까운 점입니다. 포항도 마찬가지여서 대이동이 그랬고 장성, 양덕동이 그랬습니다. 그보다 먼저 용흥동이 시작이었습니다.
 1990년에 입주를 시작한 용흥동 우방아파트는 도심에 생긴 가장 큰 아파트 단지였습니다. 무려 2652세대였습니다. 단지 내 스포츠센터에는 수영장까지 갖추었고 당시 가장 넓은 평수의 세대까지 있어서 포항의 부유층들이 많이 산다는 이미지까지 생겨났지요. 아파트가 생기기 전에는 무덤이 많아서 발길이 별로 없는, 당시로는 깊은 골짜기였습니다. 워낙 대단지로 만들어지다 보니 지금은 그런 흔적은 볼 수 없고 도심이든 교외든 연결교통이 편리한 아파트가 되었습니다.

대흥산에 들어선 대규모 단지의 용흥우방아파트. 1990년에 입주를 시작한, 포항에 최초로 생긴 2652세대의 대단지 아파트이다. 입주 당시 포항에서 부유층이 많이 산다는 이미지가 있었으며 온천, 수영장, 쇼핑센터 등이 갖춰져 있었다.

온천 in 용흥동

포항에도 온천이 있을까 하며 다소 생소한 느낌을 갖는 분들이 많습니다. 하지만 다른 지역처럼 관광화를 못 시켜서 그렇지 포항에도 온천이 있습니다. 뿐만 아니라 제일 많이 있습니다. 2016년 한국은행 포항본부의 자료를 따르면, 전국에서 가장 많은 온천을 보유하고 있는 지역은 경북지역이며 총 96개 중 경북 동해안에 위치한 온천은 34개이며 이중 포항에 23개가 있다고 합니다. '용흥온천'도 그중 하나입니다.

용흥온천.
전국에서 가장 많은 온천을 보유하고 있는 지역은 경북지역이며 총 96개 중 경북 동해안에 위치한 온천은 34개이며 이중 포항에 23개가 있다.

동네 사람 인터뷰 1 - 모두(modoo)커피

2019년 7월 15일 개업한 용흥우방타운상가(우방토파즈) 커피숍입니다. 입구에는 '동네언니협동조합'이라고 적혀 있어 눈길을 끕니다. 포항생협 초창기부터 활동해온 조합원들로 2003년부터 생협 내에서 '용흥마을모임'을 가지면서 마을에 필요한 일이 뭘까 구상해왔습니다. 오래전부터 용흥동 우방타운에 사는 주민들이기도 한 이들은 공동육아, 안전한 먹거리, 환경문제에 관심을 가지고 생활 속에서 실천해오고 있습니다. 주민들이 이용할 편의시설이 부족한 환경에서, '주민들이 동네에 머물 수 있는 공간을 스스로 만들어 보자'라고 착안해 시작한 것이 커피숍입니다. 차를 파는 공간을 넘어 머물고 싶은 공간으로 만들고 싶은 계획에 따라 주민들과 공유하고픈 어린이들을 위한 강좌, 미술 강좌 등 여러 프로그램도 실행 중에 있습니다. 커피숍 실내에서 마을갤러리라 해서 작품 전시도 하고 있고, 동네에서 꼭 필요한 일을 하나씩 실행한다는 취지에서 무료 프린터 서비스를 하고 있습니다. 무엇보다 오래되고 낡아 지나다니기 꺼려지던 상가 2층에 들어선 깔끔하고 밝은 커피숍 덕분에 지나다니는 길이 밝아진 것만으로도 동네살리기의 역할을 톡톡히 하고 있습니다. 2019년 5월 창립한 '동네언니협동조합'은 예비마을기업으로도 성장하고 있어 오래 살고 싶은 용흥동을 만드는 데 작지만 분명한 실천을 해오고 있습니다.

카페 모두는
함께 참여하고
나누며
어울어지는
동네살이의 공간입니다.

모두(modoo)커피.
차를 파는 공간을 넘어 머물고 싶은 공간으로 만들고 싶은 계획에 따라 주민들과 공유할 수 있는 여러 프로그램을 운영하는 등, 오래되고 낡아 지나다니기가 꺼려지던 상가 2층에 깔끔하고 밝은 커피숍이 생겨 동네 길이 밝아진 것만으로도 동네살리기의 역할을 톡톡히 하고 있다.

동네언니협동조합. 대부분 오랫동안 용흥동 우방타운 주민들이면서 공동육아, 안전한 먹거리, 환경 문제에 관심을 갖고 생활 속에서 실천 해왔으며, 주민들이 동네에 머물 수 있는 공간을 스스로 만들어 보려는 목적으로 모두(modoo)커피를 운영하고 있다. 포항생협 초창기부터 활동해온 조합원들로 2003년부터 생협 내에서 '용흥마을모임'을 가지면서 마을에 필요한 일이 뭘까 구상허오며 동네언니 협동조합을 만들었다.

수도산(모갈산, 갈뫼)

포항 도심에서 빼놓을 수 없는 산이 수도산입니다. 용흥동 우미골을 형성하며 구도심인 신흥동, 덕산동, 덕수동과 경계를 이루는 산입니다. 북쪽으로는 우현동과 맞닿아 있습니다. 수도산은 본래 백산白山이라 불렀다 하고, 조선 세조의 왕위 찬탈에 항거한 모갈거사가 여기에 은둔하다가 순절한 후부터는 모갈산이라고도 불렀습니다. 산 중턱에는 '모갈거사순절사적비'가 있어 그 연유를 말해줍니다. 수도산이라 불린 시기는 일제강점기 때부터입니다. 1923년, 흥해 도음산 학천 계곡에서 물을 끌어다가 이곳 수도산에서 산 아래 도심으로 물을 공급하는 상수도 시설을 설치하고부터 수도산이라 불렀습니다. 덕수동에 속하는 수도산에는 현재까지도 그때의 시설(저수조)이 남아 있습니다.

지금은 수도산이 도로로 둘러싸인 도심의 한 섬처럼 떨어진 산이 되었습니다. 용흥동 우미골에서 바로 우현동으로 우회도로가 생기면서 좌우로 산이 나눠지게 되어 그렇습니다. 그리고 용흥동에서 육거리 도심으로도 길이 나는데 바로 서산터널입니다.

서산터널

서산터널은 용흥동 우미골에서 당시 포항의 중심지였던 육거리와 연결되는 터널입니다. 용흥동의 산과 골짜기에 대형아파트가 들어서면서 늘어나는 교통량을 해소하기 위해 만들어졌습니다. 1993년에 착공하여 1999년 7월경에 준공하였으며 총길이 560미터(터널 216미터) 입니다. 높지 않은 산에 도로를 내면서 산을 절개하지 않고 터널로 만들어 산의 형태가 유지된 것이 그나마 다행입니다.

용흥동 입구의 서산터널. 66억 1천 400만 원의 사업비로 1999년 개통하였다. 터널의 개통으로 용흥동에 거주하는 시민들의 시내통행 거리가 1~2km 이상 단축되었다.

용흥동 산불

　용흥동은 몇 차례 산불이 있었습니다. 1993년 4월 17일 오후 1시 40분 포항의료원 뒤 감실골 야산에서 산불이 발생하여 20년생 소나무 3천 그루 등 임야 2ha를 태운 뒤 오후 4시께 진화되었습니다. 그리고 바로 다음 날 1993년 4월 18일에는 흥해읍에서 발생한 산불이 용흥동, 우현동 일대까지 번지는 대형 산불이 있었습니다. 이 산불은 중앙언론에서 일제히 다룰 만큼 피해가 컸습니다. 1999년 12월 16일 오후 8시 10분쯤에는 용흥1동 마을 앞 탑산에서 불이 나 임야 1천여 평을 태우고 1시간 50분 만에 진화가 되는 사고가 있었습니다. 2005년 12월 19일에도 용흥동 연화재 인근 야산에서 불이 나 임야 등을 태우고 1시간여 만에 진화가 되었습니다. 2013년 3월 9일, 지금은 폐교된 용흥중학교 뒷산에서 시작한 산불이 인근 지역까지 번져 사망 1명, 부상 26명, 이재민 116명, 산림피해 79ha 등 피해가 큰 대형 산불이 있었습니다.

　사실 포항은 산림녹화에서는 성공적인 사례를 보여줍니다. 사방기념공원이 있는 곳 또한 포항입니다. 여러 차례의 산불로 거의 민둥산에 다를 바 없었던 포항 용흥동 산불현장도 나무심기를 통해 현재는 산불의 흔적이 많이 치유되어 가고 있습니다.

1993년 4월 18일 용흥동 산불. 용흥동은 몇 차례 산불이 있었다. 1993년 4월 18일에는 흥해읍에서 발생한 산불이 용흥동, 우현동 일대까지 번지는 대형 산불이 있었다. 최근의 대형 산불은 2013년 3월 9일에 있었으며, 지금은 폐교된 용흥중학교 뒷산에서 시작한 산불이 인근 지역까지 번져 피해가 컸었다.

1994년 산불피해지 조림. 지금은 용흥동의 산들이 나무가 울창하지만 옛 사진을 살펴보면 산에 나무가 별로 없었다. 게다가 용흥동은 몇 차례의 산불을 겪기도 했다. 산에 나무를 심는 일이 행사처럼 많이 이루어졌던 시기기도 했다. 사진어서 멀리 용흥우방아파트가 보인다.

용흥동 등산길

　도심에 있으면서도 산을 안고 있는 용흥동은 도심에서 산행을 즐길 수 있는 등산로가 좋습니다. 포항의 구도심이 형산강 하구에 형성되었지만 용흥동은 죽림산, 양학산, 대흥산, 수도산 등 도심의 명산들 사이에 형성되어서 그렇습니다.

　등산로는 여러 길로 연결되어 양학산에서 연화재까지 또 죽림산으로 이어집니다. 등산로 진입로도 여러 군데에 있어서 체력에 맞게, 시간에 따라 선택이 가능하여 도심에서 많은 시민들이 찾고 있습니다.

시가지 숲길 안내도.

등산길 표지판. 등산로는 여러 길로 연결되어 양학산, 연화재, 죽림산으로 이어지고 체력에 맞게, 시간에 따라 선택할 수 있는 코스가 다양해서 많은 시민들이 찾고 있다.

죽림산(탑산)에서 올라가는 길. 용흥동은 도심에 있으면서도 높지 않은 많은 산들이 있어 산책 삼아 등산할 수 있는 길이 많다. 진입로 또한 여러 군데여서 편리하다.

길(강, 철도, 도로)

예전부터 경주방향에서 포항으로 들어오려면 반드시
용흥동을 거쳐야 했습니다. 그래서 도로가 생겨났고,
동해선의 철도도 생겨났습니다. 경북북부지방에서
포항으로 들어올 때도 용흥동을 지나야 했습니다.
안포가도라 부르는 길이었고 연화재가 용흥동의
관문이었습니다. 포항 도심을 적시던 샛강들은
복개가 되어 도로가 되었습니다.

1976년 용흥2동 철길 풍경.
철길을 보면 아련한 마음이 드는 것은 지금보다 철길이 더 삶에 가까웠던 이유이다. 학교를 갈 때도 철
길을 따라 걸었고, 친구랑 놀 때도 철길에서 놀았으며 철길 가까이 집들도 모여 있었다.

복개되기 전 양학천. 포항은 물의 도시라 할 수 있다. 동빈내항이 흐르고 내항으로 합류되는 칠성천, 양학천을 비롯 여러 갈래 샛강의 물길이 흘렀다. 용흥동과 양학동을 경계로 양학천이 흘렀다. 사진에서 왼쪽은 용흥동, 오른쪽은 양학동이다.

복개된 현재 양학천. 여러 물길이 흐르는 포항 도심에는 자연스레 크고 작은 다리들이 많았다. 칠성천, 양학천은 모두 복개가 되면서 다리도 필요 없어졌다. 급증하는 도시 인구에 도로와 주차공간 등이 필요한 이유였을 테다. 하지만 잃은 것도 많지 않았을까.

강

칠성천

어릴 때 포항 시내라 해봐야 넓지 않았지만 그래도 도심을 걸으면 적지 않은 다리를 건너 다녔던 기억이 있습니다. 형산강이 영일만으로 흘러들면서 아름다운 동빈내항을 만드는 포항에는, 동빈내항으로 흘러가는 칠성천과 양학천, 여러 갈래 샛강의 물길이 흐르고 있었습니다.

양학동과 죽도동과 용흥동의 경계가 되는 양학 사거리에도 이전에는 양학천이 흐르고 있었습니다. 아니, 지금도 복개된 도로 아래로는 양학천이 흐르고 있다고 하는 게 맞겠습니다. 양학천은 죽도파출소 앞을 지나 고속버스터미널로 해서 영흥초등학교 곁을 흘러 동빈내항에 합류되었습니다. 이름도 예쁜 칠성천은 남부초등학교 옆을 지나 용흥동과 죽도동의 경계를 이루며 남빈 사거리 쪽으로 흘러 죽도시장을 거치면서 지금의 수협죽도위판장 앞에서 동빈내항과 만납니다.

1975년 칠성천.
칠성천은 남부초등학교 옆을 지나 용흥동과 죽도동의 경계를 이루며 남빈 사거리 쪽으로 흘러 죽도시장을 거치면서 수협죽도위판장 앞에서 동빈내항으로 합류되었다. 물길이 줄어들면서 칠성천은 악취가 가득한 오수가 되었으며 때때로 정비작업이 필요하였다.

1983년 칠성천 간선 및 지선 복개 공사. 칠성천 복개 공사는 구간별로 몇 해에 걸쳐 이루어졌다.

1985년 칠성천 복개 공사. 칠성천 복개 공사의 사업효과로 토지이용도 증진, 도시개발촉진 등이 표지판에 명시되어 있다. 사진에서 제주가든이 보여 용흥동 구간의 칠성천 복개 공사임을 알 수 있다.

1985년 복개 공사 시점의 칠성천. 칠성천은 용흥동과 죽도동의 경계로 흘렀으며 당시에는 이미 구간별로 복개가 진행 중이여서 칠성천은 더욱 관리가 되지 않았을 때이다. 사진에서 왼쪽은 죽도동, 오른쪽은 용흥동이다.

복개된 현재 칠성천. 지금은 칠성천을 볼 수 없지만 도로명주소화가 되면서 칠성천길이 되어 그나마 이름에서 칠성천을 떠올릴 수 있다.

칠성천, 양학천 모두 지금은 복개되어 볼 수도 없고 또 그때의 다리들도 다 사라졌지만 언젠가는 외국의 여느 도시처럼 도심을 흐르는 맑은 물과 예쁜 다리로 다시 우리들에게 돌아올지도 모를 일입니다.

포항의 옛 이야기 2 - 용대이마을 칠성교의 전설

옛날옛적 효성이 지극한 아들이 홀로 된 어머니를 모시고 용당 마을에 살고 있었습니다. 그의 모친은 홀로 된 지 수년 뒤부터 늦은 밤이면 아들이 잠든 틈을 타 가끔 집을 나가 어디론가 가는 것이었습니다. 이 사실을 안 아들은 눈 내리고 세찬 바람 부는 동짓달 어느날 밤 몰래 어머니 뒤를 밟아 보았습니다. 어머니는 용당강(용당마을을 지나는 형산강 지류, 칠성강이라고도 함) 언덕에서 옷을 벗고 강을 건너 상도동에 있는 어느 집에 들어가 어떤 홀아비와 동침하는 것이었습니다. 아들은 오랫동안 홀로 살아온 어머니를 이해하고 다음부터 어머니가 밤중에 옷을 벗고 강을 건너는 고충을 덜어 드리기 위해 큰 돌 7개를 날라 징검다리를 놓아두었습니다. 그 후부터 어머니는 옷을 벗지 않고서도 강을 건너 이웃 마을로 다녀올 수 있게 되었습니다. 이 사실이 마을 사람들에게 알려지자 고을에서는 효자라 칭송하고 표창을 하였습니다.

마을 사람들은 아들의 효심에 감동하여 용당강을 효자강이라 부르고 돌 7개로 징검다리를 놓았다 하여 칠성교(또는 효자교)라 불렀습니다. 모친에게는 효행이 지극한 효자였을는지 모르지만 죽은 부친에게는 불효를 저질렀다고 하여 용당강을 효불효강이라고 부르고 이 후 칠성교를 효불효교라고도 불렀다 합니다.

- 아름다운 포항 유서깊은 마을 (포항시, 2007)

1981년 용흥 철도. 양학산 앞 철도의 모습이다. 산 중턱은 절개되어 우회도로가 막 개통되었다.

철길숲으로 조성된 현재 모습. 포항역이 이전함에 따라 철로는 걷어지고 철길숲으로 조성되었으며 멀리 양학산에는 고층아파트가 들어섰다. 철로 변에 있던 옛 집들만 그때 그대로이다.

철도

용흥건널목

　용흥동에서 철도는 빼놓을 수 없는 얘깃거리입니다. 용흥동 골짜기에서 남부초등학교 혹은 포항초등학교를 다니는 아이들은 반드시 철도건널목을 건너야 했습니다. 기차가 오지 않을 때는 철길 위를 외줄타기 하듯 조심조심 걸어 보기도 하고, 철도 위에 돌이나 쇠못을 올려놓고 기차가 지나가길 기다렸던, 지금 생각하면 조금은 아찔한 기억이 아직도 생생합니다. 늘 기차 지나가는 소리를 들으며 자란 어린 시절, 철길은 우리에게 동네 놀이터였습니다. 그만큼 어릴 적 추억이 많을 수밖에 없는 곳 중 하나가 용흥동 철도입니다.
　용흥동에 철도가 생기게 된 것은 1918년 경주-포항 노선이 놓이면서부터입니다. 철도가 동네를 둘로 쪼갠 듯 가로놓인 까닭에 철도를 기준으로 용흥1동과 용흥2동으로 구분되는 줄 알았습니다. 초등학교 친구들 사이에서도 철도너머 사느냐 철도 안쪽에 사느냐를 자주 물었을 정도였으니까요. 개인적으로도 어릴 적 추억이 가장 많은 곳이 철도입니다. 동해의료원에서 근무하시던 아버지는 늘 자전거를 타고 철길 건널목을 건너오셨고 어린 나는 아버지 도시락을 들고 자주 심부름을 가곤 했습니다. 그때마다 지나치던 곳이 '용흥건널목'입니다. 기

1975년 동해의료원으로 들어가는 용흥건널목 부근. 우회도로가 놓여지기 전의 모습입니다. 사진에서 보이는 산은 양학산으로 용흥주택단지가 한창 계획중이였던 시기로 산에 절개공사가 진행되었다.

용흥건널목 부근의 현재 모습. 양학산에 계획되었던 용흥주택단지는 석유가 난다는 보고에 중단되었고 우회도로인 고가도로가 생기면서 주변은 발전을 멈추었다.

차가 지날 때마다 긴 차단기가 내려오고 딸랑딸랑 종소리가 요란하게 울렸던 기억이 아련합니다.

하지만 고속철도가 놓이면서 옛 포항역은 옮겨지고 동네 철길도 걷어졌습니다. 어릴 적 추억이 함께 걷어지는 것 같아 너무도 씁쓸했습니다. 무엇보다 100여 년을 포항의 역사와 함께 해온 옛 포항역이 아무렇지도 않게 하루아침에 뜯겨나간 사실은 지금도 가슴을 아리게 합니다. 걷어낸 철길에 나무가 심어지고 숲이 조성된 것이 그나마 위안이 되기는 합니다. 하지만 효자역에서 시작해 우현동까지 조성된 철길숲 중에 유독 용흥동 구간은 별다른 특징이 없는 것 같아 안타깝고 실망스럽습니다. 먼저 조성된 포항역 너머 우현동까지의 구간은 수도산도 있고 오래된 나무도 옮겨 심어서인지 자연미가 있어 나름 보기가 좋습니다. 양학동에서 대잠동 지나 효자역까지의 구간은 인공적인 조형물이 많아서인지 다소 조밀하다는 느낌이 들지만 그런대로 인공미로라도 봐줄 만한 철길숲입니다.

그러나 그 사이에 위치한 용흥동 구간은 주변 낡은 건물들도 별로 바뀌지 않은데다 길 자체가 좁아서 숲길이라기보다는 그저 자전거길인 것만 같아서 아쉬움을 자아냅니다. 그래도 개인적으론 이곳에 정이 제일 많이 갑니다. 어릴 적 추억이 많이 깃든 곳이라는 이유도 있겠지만, 그보다는 용흥건널목에 자리 잡은 오래된 건물 하나 때문입니다. 바로 건널목 초소로 쓰였던 건물입니다. 비록 옛 포항역과 철도는 속절없이 사라졌지만 철도에 얽힌 아득한 옛 이야기를 간직한 철도건널목 초소가 그대로 남아 있다는 게 얼마나 다행인지 모릅니다. 그러나 볼 때마다 사라져 버릴 것만 같아서 위태위태한 마음입니다.

용흥건널목. 포항역과 철도는 속절없이 사라졌지만 철도에 얽힌 아득한 옛 이야기를 간직한 철도건널목 초소가 있어 다행이다. 그러나 볼 때마다 사라져 버릴 것만 같아서 위태위태하다.

1982년 연화재. 지형적 위치가 포항의 길목이다 보니 한국전쟁 때 치열한 격전이 벌어진 연화재는, 전쟁 전후에 보도연맹 사건 등 억울한 죽음이 많았던 곳이다. 그래서 포항의 공동묘지로 쓰이기도 했다. 무덤이 많아 낮에도 혼자서 넘어가기를 꺼렸던 곳이다.

도로

연화재(안포가도)

포항에서 기계 방면으로, 안동 방면으로 가고자 하면 꼭 넘어가야 하는 곳이 연화재였습니다. 일제강점기 때 포항에서 청송 등을 지나 안동까지 이어지는 도로를 건설하면서 '안포도로'라는 말을 사용하였던 기록(1938년 조선민보사 '포항읍발전좌담회')이 나옵니다. 최근 조성된 철길숲을 걷다 보면 구 포항역 북쪽 옛 건널목에 건물이 아직 남아 있는데 '안포가도'라고 적혀 있습니다. 예전 전신전화국 사거리에서부터 용흥동으로 들어오는 길이 안포대로인 겁니다. 그러니까 안포대로는 용흥동 대흥골(대왕골)을 지나서 용흥동을 가로질러 연화재 고개를 넘어 멀리 안동으로 연결되는 길입니다. 한편 북쪽으로 난 길이라는 의미로 '북선로'라 부르기도 하였습니다.

지형적 위치가 포항의 길목이다 보니 한국전쟁 때 치열한 격전이 벌어지기도 했던 연화재에는, 전쟁 전후에 보도연맹 사건 등 억울한 죽음이 많았던 곳입니다. 그래서 포항의 공동묘지로 쓰이기도 했습니다. 무덤이 많아 낮에도 혼자서 넘어가기를 꺼렸던 곳이었습니다. 하지만 지금은 새로이 도로도 나고 확장공사도 이루어져서 포항의 서쪽 길목의 역할을 하고 있습니다. 특히 만남의 광장이라 부르는 공영주차장은 많은 사람들이 이용하는 곳입니다.

'연화재'가 발음의 혼란으로 '연하재'로 부르는 경우도 있었습니다. 연화재를 넘으면 흥해읍 대련리를 만나게 되며, 고개 아래에 큰 연못이 있었다고 합니다. 그곳에 연꽃이 많이 있었다고 하는데, 그래서 '연화재'와 '대련리' 지명에 연꽃 '연蓮'자가 쓰였습니다. 연화재는 연화봉, 연꽃봉, 또 솔개재, 옛날재라고도 불렀다 하고 망부산이라고도 했는데 소재상과 절세미인이었던 그의 부인 이야기에서 유래되었다고 합니다.

포항의 옛 이야기 3 - '신라소재상부인순절비(新羅蘇宰相夫人殉節碑)'

신라 말엽 조정에 소랑이라는 덕망 높고 청렴결백하며 충직한 대신이 있었습니다. 그는 청빈하고 공평무사하여 백성들로부터 크게 신망을 얻었습니다. 부인 또한 절세미인이어서 장안선녀라는 칭호를 받을 정도였고 정숙한 부덕은 온 백성의 거울이 되었습니다.

그런데 소랑의 부인이 절세미인이라는 소문을 들은 황음무도한 임금은 부인을 한번 만나보고자 기회를 노리던 중 조정에 출사한 소랑에게 그날 밤 미행으로 소랑의 가정에 들고자 한다고 일렀습니다. 임금이 신하의 집에 거동한다는 것은 여간 신임이 두텁지 않고는 바랄 수 없는 일이었으므로, 소랑은 영광으로 생각하고 다급히 자기 집에 돌아와 부인에게 임금의 뜻을 전하는 한편 융숭한 대접을 하고자 연회 준비를 하라 이르고 임금의 행차를 기다렸습니다.

미복차림으로 소랑의 집에 당도하여 진수성찬으로 융숭한 대접을 받아 술이 얼큰히 취한 가운데 인사 차 들어온 부인의 아름다운 자태를 보자 대번에 매혹되어 범할 마음을 품었습니다.

때마침 일본으로부터 사신이 와서 신라조정에 조공을 바치고 돌아간 후 답례로 일본에 파견할 사신을 선임해야 했는데, 임금은 소랑을 적임자로 임명하였습니다. 소랑이 일본으로 간 후 임금은 부인을 궁중으로 불러들여 수차례 감언이설로 유혹하고 회유하였습니다. 그러나 지조 높은 부인은 끝내 임금의 강압을 물리쳤습니다. 이에 임금은 외국 사신으로 떠난 대신의 부인을 차마 죽일 수 없어서 먼 곳으로 추방하였습니다.

소랑부인은 소랑이 타던 말과 개, 노비 한 사람을 데리고 이리저리 방랑하다가 동쪽바다가 잘 보이는 연화봉에 올라 움막을 짓고 기거하면서 낮이나 밤이나 바다를 바라보며 남편 소랑이 돌아오는 배만 기다렸습니다. 한편 임금의 명을 받고 사신으로 일본에 건너간 소랑은 충실하게 임무를 마치고 돌아오는 뱃길에서 심한 폭풍우를 만나 불행하게도 수중고혼이 되고 말았습니다. 그러나 낭군의 슬픈 소식을 전혀 알 길 없는 소랑 부인은 비가 오나 눈이 오나 연화봉 움막에서 오직 남편이 돌아오기를 기다리다가 병이 들어 5년 만에 세상을 떠나고 말았으며, 이에 소랑이 타던 말과 개도 굶어죽었다고 합니다.

오직 한 남자의 지어미로 일부종사의 굳은 정절을 지키다가 죽어간 소랑부인을 아는 마을 사람들은 부인을 추모하여 후히 장례를 지내는 한편 말과 개의 무덤까지 만들어 주었으며, 십시일반으로 돈을 모아 삼간초옥을 건립하여 부인의 혼백을 모시고는 망부사라 이름 지어 부인의 넋을 위로하였습니다. 그리하여 이 산을 망부산이라 부르게 되었습니다.

- 아름다운 포항 유서깊은 마을 (포항시, 2007)

신라소재상부인순절비. 신라시대 소랑이라는 재상 부인의 순절을 기리는 비석이다. 1990년에 건립되었으나 연화재 도로공사 때 방치되었던 것을 지금의 연화재 만남의 광장 공영주차장으로 옮겨 조성되었다.

이 비석은 박일천 선생에 의해 연화재에 1990년 12월에 건립되었습니다. 하지만 연화재 도로확장 공사 때 방치되어 하마터면 소실할 뻔한 것을 백락구 전 문화원 사무국장의 의지로 현재의 연화재 공영주차장 한편에 다시 조성되었습니다.

포항의 옛 이야기 4 – '충비갑연지비(忠婢甲連之碑)'

충직한 노비 '갑연'을 기리는 비석, '충비갑연지비'는, 언제부터인지는 모르나 연화재 한쪽에 있었습니다. 비석의 뒷면과 옆면에는 작은 글씨로 빼곡이 비석의 사연에 대해 적혀 있습니다. 1967년 발간된 '일월향지(박일천 저)'를 비롯 포항관련 서적 여러 군데 소개된 이야기지만 2019년 11월 17일 박창원 선생님과 탁본을 해서 원문을 확인해 본 결과 그동안 알고 있는 내용에 다소 오류가 있어 원문을 함께 소개 드립니다. 한편, 비석은 연화재 도로 확장공사 때 흥해에 있는 영일민속박물관 마당으로 옮겨졌습니다.

충비갑연지비 뒷면 비문(탁본). 충비갑연지비 뒷면에는 비석의 사연이 빼곡이 적혀 있다. 우측 상단에 비석이 파손되어 있어 글자의 일부가 소실되었으나 글자의 남은 부분을 유추해보았을 때 '延日' 두 글자로 추정되어 본문에 실어두었다. 글씨는 관찰사 박기수가 썼다.

영일민속박물관으로 이전 전 연화재에 있던 비석.

흥해읍 영일민속박물관 마당에 현재 보존된 비석.

忠婢甲連之碑 (원문)

延日忠婢甲連碑銘 並序

舍生而取義 殺身而成名 君子事也 然知義之可以舍生也 則舍知名之 可以殺身也 則殺無異甚焉 惟不知義與名之爲可貴可重 而能舍其生殺其身者 眞出乎純心而不負其彛性之天也

上之二十九年 己丑 余按節嶺南 翌年 南之延日縣 有宋寡婦 以旅店爲生 人有侮其弱 而奪其業者 凌辱之 已甚寡力 不敵憤罵 而投于江 其婢甲連

年二十四 而踊而號曰 主死矣我何獨生爲 遂瞥然赴水 援而攀之 浮而出水 船人衆極之 寡婦幸不死 連爲波濤所推盪 入般底 久而得 連己死矣 于時 隣里及船上 四方商旅 觀者莫不於挹 奔走告子縣 縣報于省 余聞之 喟然 曰 此非所謂不知義 不知名而能舍生殺身者耶 撫其實 以聞于 朝

上嘉其忠命旌之 鄕人重爲之 鳩財立石圖所以壽其傳 求志於余 嗟呼 名固 非甲連之所求者 又豈以非其所求 而不爲之彰其名也 余旣與其事 以彰之 余又何辭乎 紀其事不朽之 遂爲之銘曰

天旣成汝 之不獨生 胡使汝獨死 死而旌其里 碣其水埶 如生而婢

資憲大夫 吏曹判書 兼知經筵 弘文舘提學 李勉昇 撰
嘉義大夫 行慶尙道觀察使 兵馬水軍節度使 大邱都護府使 兼巡察使 朴岐壽 幷書前面

번역

삶을 버리고 의를 취하며 몸을 죽여 이름[명예]을 이룸은 군자의 일이다. 그러나 의로움을 안다고 삶을 버릴 수 있을까? 생을 버릴 수 있다면 이름을 버릴 줄 아는 것이고, 몸을 죽일 수 있다면 더 심한 죽음도 없는 것이다. 오직 의와 명예가 귀하고 중함을 알지 못하면서 능히 그 삶을 버리고 그 몸을 죽인 사람이야말로 진정으로 순연한 마음에서 우러나와 떳떳한 성품을 저버리지 않은 사람이리라.

순조29년 기축년(1829) 내가 경상도 관찰사가 된 다음해 남으로 영일현에 갔다. 송씨 과부가 있었는데 여관을 운영하며 살고 있었다. 사람들이 그녀의 약함을 깔보아 그녀의 일을 빼앗고 능욕하니 자신의 힘이 매우 부족하여 분개하고 더럽게 행각하면서 대적하지 못하고 강에 몸을 던졌다. 그녀의 여종 갑연이 정직하였는데, 나이가 24세였다. (소식을 듣고) 달려가며 울부짖으며 "주인께서 돌아가시니 제 어찌 홀로 살겠습니까?"하고는 드디어 눈 깜짝하는 사이에 물에 뛰어들어 끌고 잡으니 (주인이) 물 밖으로 떠올랐고, 배에 있는 사람들이 노력해서 과부는 죽지 않았으나 갑연은 물결에 휩쓸려 배 밑으로 빨려들어가 버렸다. 오랜 뒤에 갑연을 건졌으나 이미 죽은 뒤였다.

　이 때 이웃 마을과 배 위의 사람들과 사방의 상인들 중에 이를 본 사람들이 울지 않은 사람이 없었다. 그리고 달려가 현청에 알리고, 현감이 청(관찰사)에 보고하였다. 내가 그 사실을 듣고 탄식하면서 말하였다. 이는 의를 알지 못한다고 말할 수 있는 것이 아니다. 이름을 알지 못하지만 삶을 버려 의를 취하고 몸을 죽여 이름을 이룸이 바로 이것이다. 그러고는 일을 자세히 적어 조정에 알리니 임금께서 그녀의 충정을 기려 정려를 명하였다. 마을 사람들이 거듭 그 일을 기려 재물을 모아 돌을 세우고 오래도록 전하고자 하여 나의 뜻을 구하였다. 오호라! 이름을 진실로 갑연이 구하고자 한 것은 아니었으나 또한 어찌 구하지 않았다하여 그 이름을 표창하지 않겠는가. 내가 이미 그 일을 함께 표창하려하니 어찌(글 쓰는 것을) 사양하리오. 그 일을 기록하여 없어지지 않게 하고자 한다. 드디어 명을 써서 말하기를, '하늘이 이미 너를 낳아 홀로 살도록 하지 않았도다. 어찌 너로 하여금 홀로 죽게 하겠는가. 죽음에 그 마을에 정려하고 물가에 비를 세우니 살아서 (살았을 때) 종이었다 하겠는가.'

  자헌대부 이조판서 겸지경연 홍문관제학 이면승이 찬撰하고,
  가선대부 행경상도관찰사 병마수군절도사 대구도호부사 겸순찰사 박기수가 앞면과 같이 쓰다.(역. 위덕대학교 신상구 교수)

교회 1 – 포항제일교회

용흥동 562-1번지에 있는 포항제일교회는 1905년에 안의와(James Edward Adame) 선교사에 의해 창립되었습니다. 창립 당시는 '포항교회(영일군 북면 포항리)'였으며 초가 5간의 교회당을 이용하여 사립 영흥학교(영흥초등학교의 전신)도 설립하였습니다. 뿐만 아니라 경북에서 대구 다음으로 3·1운동에서 주도적인 역할을 하여 많은 교인들이 체포되어 옥고를 치루었습니다. 1951년에 '포항제일교회'로 이름을 바꾸었으며 1955년에는 포항에서 가장 오래된 포항제일유치원도 설립하여 교육에 힘썼습니다.

포항교회 당시 용흥지역 교인들을 위한 용흥교회를 포함해서 포항에 여러 지支교회를 분립·개척하였으며 현재까지 국내는 물론 국외에도 여러 교회를 개척하였습니다.

국제기아대책 기구에 참여는 물론, 포항시에 소재한 3개의 기독교 방송국 및 54개 기관 및 단체를 후원하고 산불, 지진 등의 긴급재난 시 지원과 장애인들을 위한 사역에도 힘을 쏟고 있습니다.

2003년에 용흥동 연화재로 이전해왔으며 인근 지역의 집수리, 연탄 및 유류, 라면 공급 등의 구제 활동과 봉사를 통해 용흥동과 늘 함께 하고 있습니다.

자료제공 : 김홍기 장로(남부초등 13회 졸업)

연화재에 있는 포항제일교회. 1905년 포항교회로 창립된 포항제일교회는 포항에서 가장 오래된 전통을 가지고 있으며 용흥동에 있던 남부교회도 포항교회의 용흥동 지교호인 용흥교회를 분립해서 만들어졌다. 영흥초등학교의 전신인 사립 영흥학교를 초가 5간의 교회당을 이용하여 설립하였으며 1919년 포항지역에서 3·1운동이 일어나는 데도 주도적인 역할을 하였다. 2003년 중앙동에서 현재의 용흥동 연화재로 이전하였다.

포항의 동맥, 7번 국도

예전에는 서울은 물론 대구나 부산에서도 포항에 들어오려면 경주를 거쳐야 했습니다. 경주에서 포항으로 이어지는 길이 7번 국도입니다. 뿐만 아니라 강릉을 비롯 울진, 영덕 등 북부지방에서 포항으로 들어오는 길 역시 7번 국도입니다. 그래서 7번 국도는 포항으로 들어오는 가장 중요한 도로입니다.

도심을 지나는 7번 국도에서 용흥동에 해당하는 구간은 지금 경북직업전문학교 앞에서 양학 사거리까지입니다. 지금은 좁은 길로 여겨지겠지만 예전에는 시외버스터미널이 있을 만큼 주요도로였었지요. 포항역에서 당시 시외버스터미널 가기 직전, 그러니까 포항의료원으로 들어가는 도로와 만나는 삼거리에 '동해자동차공업주식회사'가 있었습니다.

1969년 동해정비공장 앞 7번 국도. 용흥동은 대구, 부산이든 영덕, 울진이든 외부에서 포항을 들어오려면 반드시 지나야 하는 7번 국도가 있었다. 당시는 건물도 많지 않고 그나마 있는 건물도 높이가 낮아서 도로는 굉장히 넓어 보였다.

현재의 동해정비공장 앞 7번 국도. 고가도로인 우회도로가 개통하면서 7번 국도 용흥동 구간은 교통량이 감소하고 도시의 발전은 멈췄다.

경주-포항 간 국도포장공사 기공식이 1971년 3월 22일에 있었습니다. 장소는 용흥동 남부초등학교 앞이었습니다. 하지만 죶차 늘어나는 교통량을 소화하기엔 역부족이었던 이 도로는 결국 우회도로를 만들게 됩니다.

경주-포항간 국도 포장공사 기공식(1971.3.22.). 지금은 외곽에서 포항으로 들어오는 길이 여러 길이지만 예전에는 용흥동과 양학동길이 경주로 연결되는 국도 길이었다. 흙길이었던 도로를 포장하는 공사가 1971년에 이루어졌다.

포항뻐스공동정유소

요즘처럼 자가용이 흔치 않던 시절, 버스야말로 대중교통으로 가장 각광받았습니다. 인근 경주, 대구는 물론 부산 등으로 갈 일이 있으면 반드시 이용해야 하는 곳이 바로 시외버스터미널이었습니다.

최초의 포항시외버스터미널은 지금의 북포항우체국 건너편에 있었습니다. 좁디좁아 보이는 그곳에 버스터미널이 있었다는 사실 자체가 믿기지 않지만, 그만큼 도로 사정도 좋지 않았고 차량도 많지 않아서 가능했지 싶습니다. 1970년 용흥동에 새로운 시외버스터미널이 만들어졌습니다. '포항뻐스공동정유소'라는 글자가 선명했습니다. 버스 타기 전 매점에 들러 껌이나 군것질 거리를 사는 것도 큰 재미였습니다.

용흥동에 시외버스터미널이 있었던 이유도 의아할지 모르겠으나 당시 대구, 경주에서 포항에 들어오는 진입로가 효자 검문소를 거쳐 양학동을 지나 용흥동으로 연결되어 있었습니다. 더 나아가면 포항역으로 이어지고 나루끝으로 해서 달전검문소를 거쳐 흥해, 영덕 방면으로 이어졌지요.

1970년 포항뻐스공동정유소 개소.
용흥동 7번 국도는 포항에서 가장 번화한 길 중 하나였다. 지금의 중앙상가 북포항우체국 앞에 있던 포항시외버스터미널이 새로이 이전하여 용흥동 시외버스터미널 시대가 열렸다. 버스를 '뻐스'로 표기한 것이 재미있다.

터미널 근처는 늘 그랬듯 당시 용흥동 터미널 건너편으로도 상가가 번성했습니다. 어쩌면 용흥동이 가장 변화했던 시기가 아닐까 합니다. 1981년에 우회도로 개통 이후 1986년 포항시외버스터미널은 상도동으로 이전해갔습니다.

1980년 포항시외버스공동정류소.
도시 인구는 늘어나고 자동차 보급은 아직 미흡할 때 대중교통으로서 버스는 최고의 이동수단이었다. 용흥동 7번 국도는 많은 버스들로 혼잡을 이루었고 주변으로는 식당과 여인숙이 많았다.

용흥동 시외버스공동정류소가 있던 자리.
점차 버스량이 늘어나면서 용흥동버스정류소는 1986년 상도동으로 이전했고 시외버스정류소가 있던 자리는 새로운 건물로 바뀌었으며 주변의 상권 또한 변해갔다.

포항시 우회도로(남부고가, 동지고가)

대구 등 다른 도시에서 포항으로 들어오는 진입로의 역할을 하던 용흥동이 그 기능을 잃게 되는 계기가 1981년 '포항시 우회도로' 개통이 아닐까 합니다. 제가 초등학교를 다니고 있던 시기였습니다. 학교 옆 도로에 대규모 공사가 시작되었습니다. 당시 보기 힘들었던 큰 공사 차량이 와서는 땅에 깊은 콘크리트 기둥을 박는 등 어린 눈으로 보기에도 신기한 공사였습니다. 그러더니 고가도로가 만들어졌습니다. 완공 전 차량 통행이 없었던 고가도로는 그야말로 자전거 타고 내려오기에는 최고로 신나는 놀이터가 되기도 했습니다. 우회도로에 대한 개념이 없던 시절이었지만 돌이켜 보면 안타깝게도 고가도로가 생기고부터 용흥동 발전은 거의 멈추었다고 봐도 틀린 말이 아닐 듯합니다. 왕복 1차선으로 시작된 우회 고가도로는 1993년 철거하게 됩니다. 이후 증축되어 지금의 왕복 4차선 도로가 되었습니다.

이전 7번 국도는 철도 노선과 나란히 달렸다면, 우회도로는 남부초등학교 앞에서 고가도로로 철길을 건너고 양학산을 절개하여 도로를 낸 후, 포항역 뒤쪽 주택가를 뚫고 동지중·고등학교 앞에서 다시 고가도로를 만들어 우현동 방향으로 새로이 산을 깎으면서 만들어진 길입니다. 용흥동 지형이 많이 바뀌게 된 결정적인 이유이기도 합니다.

1979년 남부고가 공사. 당시 보기 힘들었던 큰 공사 차량이 와서는 뜬에 깊은 콘크리트 기둥을 박는 등 어린 눈으로 보기에도 신기한 공사였다.

1980년 남부고가 공사.
사진 왼쪽으로 남부초등학교의 옛 건물 모습이 보여 추억을 떠올리거 한다.

1982년 남부고가. 개통당시의 우회도로는 편도 1차선이었다. 용흥동과 양학동을 지나는 기존의 국도 또한 좁아서 우회도로가 내려오는 길에서 연장하여 새로운 길이 생겼음을 볼 수 있다. 사진에서 도로 왼쪽에 남부초등학교 전경이 보이고 고가도로 아래로 지나는 기차가 인상적이다.

1992년 용흥건널목 부근 우회도로 공사. 1981년 편도 1차선으로 개통한 우회도로는 교통량의 증가로 10년 만에 확장공사를 하게 되었다. 포항의료원으로 들어가는 용흥교차로 부근으로 고가도로가 생기게 되었다. 멀리 시그너스 호텔이 보인다.

1992년 현대아파트 앞 우회도로 확장공사. 남부초등학교 부근에서 시작한 우회도로는 용흥건널목을 통과해서 동지고가라 불리는 대왕골 부근을 지난다. 이때는 동지상고가 이전하고 현대아파트가 입주를 시작했으며 편도 1차선의 고가도로 확장공사가 진행 중이다.

1995년 확장된 우회도로(새천년대로) 우미골 부근.
쌍용아파트 건물이 올라오기 전의 우미골 모습을 볼 수 있다. 사진의 오른쪽은 수도산이고 서산터널의 공사가 시작되고 있다. 8차선으로 넓어진 우회도로 멀리 우현동 한신아파트가 보인다. 1993년 4월 대형 산불의 영향으로 용흥동과 우현동의 산이 거의 민둥산임을 알 수 있다.

동네 사람 인터뷰 2 - 동해약국

흥해가 고향인 최율태(80)님은 흥해에서 동지중학교(5회 졸업)를 다닐 때 우현동에 있던 동해중부선의 큰 굴, 작은 굴을 지나 송도동 동지중학교까지 2시간을 걸어서 다녔다고 회상합니다. 동해약국이 용흥동에서 개업을 시작한 것은 1965년입니다. 개업 당시 이름은 도매약국이었습니다. 예전의 용흥동을 기억하는 분들은 중앙약국, 동창약국, 신신약국을 함께 떠올릴 수 있을 것입니다. 그중 동해약국은 용흥동의 터줏대감으로 54년간 이어져오고 있습니다.

동해약국. 용흥동을 기억하는 분들은 중앙약국, 동창약국, 신신약국을 함께 떠올릴 수 있다. 그중 동해약국은 용흥동의 터줏대감으로 54년간 이어져 오고 있다.

골(마을)

사진제공 : 변경도

용흥동 지명이 있기 전부터 용당동, 용당리(용대이)로 불렸습니다. 산과 칠성강 사이의 평야지대로 용흥동의 으뜸마을이었습니다. 그리고 산이 대부분인 용흥동은 골짜기에 사람들이 모여 살았습니다. 감실골, 대안골(대왕골, 대흥골), 우미골 등이었습니다. 골짜기마다에는 못이 있었습니다.

용당리

포항남부초등학교

　경주에서 포항으로 들어오는 7번 국도가 도로명주소화되면서, 포항 입구에서부터는 '새천년대로'가 되었습니다. 새천년대로는 포항의 주요 진입로 중 하나입니다. 남부초등학교 앞에서 용흥고가차도로 이어져 멀리 양덕까지 뻗어나갑니다. 7번 국도가 남부초등학교부터는 '용당로'가 됩니다. 도로 이름에 '용당龍堂'이 사용된 이유는, 예전에 이곳에 용소龍沼가 있었으며 용이 하늘로 올라갔다 하여 당을 세우고 제사를 지냈기 때문입니다.

　1941년 4월 11일 학교를 세웠는데 이해 4월 1일부터 소학교에서 국민학교로 명칭이 개정됨에 따라 '제2영일국민학교'로 개교하여 2년 후인 1943년에 용소를 메워서(1941년에 용소를 메웠다는 말도 있습니다.) 그 위에 자리하였으며, 1946년에 포항남부국민학교로 이름을 바꿨습니다. 1950년 한국전쟁 때 전소되었다가 1952년에 다시 세웠으며 현재는 포항남부초등학교가 되었습니다. 용흥동이라는 동 이름 또한 이 용당에서 나왔음은 물론이며 남부초등학교 옆으로 흐르던 칠성강을 용당강이라고도 하였답니다.

한때는 한 반에 학생 수도 많았을 뿐만 아니라 학급 수도 많아 오전반, 오후반으로 나누어 수용할 정도였습니다. 인근 지역으로 마을이 확장되면서 학교가 분리되었는데 남부초등학교에서 분리한 학교로는 1972년 포항신흥초등학교, 1984년 포항양학초등학교, 1985년 포항죽도초등학교, 1992년 용흥초등학교가 있습니다.

제가 졸업할 때의 남부초등학교와 지금의 학교를 비교하면 달라진 것이 있습니다. 새로이 학교 건물을 지으면서 당시 운동장에 학교 신축 교사를, 그리고 당시 학교 교사를 허물고 지금의 운동장으로 만들다보니까 건물이 새로워진 것은 좋아졌겠지만 오래된 나무들과 또 그 나무들과 함께 한 추억들이 사라져 못내 아쉽습니다.

1979년 남부초등학교 건물 앞동. 이층 건물로 두 개의 동이 있었으며 운동장에는 체육관이 있었다.

1979년 남부초등학교. 남부초등학교는 유난히 운동장이 넓었다. 운동장에는 수양버들이 아름드리 커서 운동회 때 그늘을 만들어주었던 기억이 선하다. 하지만 1988년 경상북도포항교육지원청이 운동장 한편에 들어오고, 학교 건물을 신축하면서 옛 운동장에 학교 새 건물을 짓고 기존 건물이 있던 곳을 허물고 운동장으로 하는 바람에 옛 학교의 모습은 완전히 없어지고 말았다.

용당(龍堂)터

　남부초등학교가 있는 자리를 말합니다. '용소龍沼'가 있었는데 이곳에서 용이 하늘로 올라갔다 하여 당堂을 세우고 제사를 지냈다고 합니다. 용당龍堂을 '용담龍潭'이라고도 했다 하며, 용당마을이라는 뜻으로 '용당리龍堂里'라 했는데 발음을 쉽게 하면서 '용댕이(용대이)'라 흔히 불렀습니다. 용흥동에서 으뜸 되는 마을이었습니다.

경상북도포항교육지원청

1964년부터 덕산동에 있던 포항시교육청은 포항의 인구가 급증함에 따라 학생 수와 학교 수가 늘어남으로써 새로운 청사로 이전할 필요가 제기되었습니다. 이에 남부초등학교 부지 내인 용흥동 615-21번지에 신축 부지를 확보하고 1987년에 신축 공사를 시작하여 1988년 9월 1일 준공하였습니다. 1988년 10월 29일에 이전한 후 2014년 3월 양덕동으로 이전할 때까지 26년간 존속하였습니다.

경상북도포항교육지원청 용흥동청사. 덕산동에 있던 교육청은 1988년 남부초등학교 운동장 한쪽에 이전하여 용흥동 시대를 맞았다. 용흥동청사는 2014년 양덕동으로 이전할 때까지 26년간 존속하였다.

포항변전소

　남부초등학교 남서쪽에 포항변전소가 있었습니다. 이곳에 언제부터 언제까지 변전소가 있었다는 기록을 정확히 찾기는 어려우나, 1949년 《영남일보》 기사에도 '포항변전소'가 나오고 있어 그 이전부터 있었다고 봅니다. 용흥동에 계셨던 분들도 변전소를 기억하고 있으며, 현재 폭스바겐 매장과 한국타이어 대리점이 있는 일대가 변전소가 있던 자리라고 증언합니다.

기사로 보는 용흥동 1 - 포항 피습 상보

영남일보　　　　　　　　　　　　　　　1949년 8월 6일

지난 3일 오전 1시 10분 무장폭도 다수가 포항읍 동서 양면에서 동시에 분산 내습하여 일부는 서부 용흥동 뒷산으로부터 내려와 동민을 위협하고 동 동에 있는 포항변전소에 방화하여 전소시킨 다음 동구 한청단원 이(李)모를 납치 귀산하였으며, 일부는 동부 학산(鶴山)파출소 뒷산 송림 속에 잠복한 약 10여 명으로 추산되는 무장폭도가 동 파출소를 목표로 임원과 99석 등을 난사하므로 서원은 이에 응전하여 즉시 퇴각시켰는데 유탄으로 인하여 동 파출소 취부(炊婦) 김성녀(金姓女; 김씨성을 가진 여자 또는 이름이 김성녀 인지는 불명)는 경상을 입었으며 일부는 영일경찰서 뒤 수도산(水道山)에서 경찰서를 향하여 역시 임원과 99식으로 발사하므로 대기 중이던 경비원은 응전 추격하여 퇴각시켰는데 이 방면의 피해는 없다한다.

용흥2동사무소

지금도 어머님이 살고 계시는 저희 집은 남부초등학교와 철둑길 사이에 있었습니다. 이 일대 마을을 용대이 마을이라 했고 행정구역으로는 용흥2동이었습니다. 초등학교 입학 때 필요한 주민등록초본을 발급받으러 용흥2동사무소에 갔던 기억이 지금도 선명합니다. 현재 필로스 호텔 주차장 부지 옆에 있던 동사무소는 필로스 호텔을 지으면서 1992년 기존 위치에서 맞은편 건물로 신축 이전하였습니다. 1998년 용흥1동과 통폐합되어 용흥2동사무소는 사라지게 되었습니다.

1977년 용흥2동사무소. 철길 너머 산 쪽으로 용흥1동이었다면 철길 맞은편 남부초등학교와 시외버스터미널 방면은 용흥2동이었다. 예전 용대이로 부르는 마을이 용흥2동인 셈이다. 용흥2동 사무소는 시그너스 호텔 주차장 옆 부지에 위치하고 있어서 호텔이 들어서면서는 길 맞은편으로 이전했다가 용흥1동과 2동이 통합되면서 용흥1동사무소로 합쳐지게 되었다.

용흥2동사무소가 있던 자리는 지금은 용흥2경로당으로 활용되고 있다.

필로스 호텔(구, 시그너스 호텔)

예전부터 포항에 끊임없이 제기되는 것이 대형 호텔의 건립입니다. 그러던 중 1992년 2월, 포항지역 최초 특급 호텔이 용흥동에 들어섰습니다. 호텔이 들어선 곳은 빈 공터로 초등학교 시절 동네 형들, 친구들이 약속 없이도 늘 모이던 장소였습니다. 지금도 인근에서는 가장 높은 건물인데 당시로서는 보기 드문 육중한 건물에 온천사우나는 물론 나이트클럽까지 갖춘 곳이었지요. 동네 어른들은 호텔이 들어서면 그동안 다른 지역에 비해 발전이 더뎠던 용흥동도 발전하리라는 기대가 컸습니다. 개인적으로 제 결혼식도 올린 시그너스 호텔은 2006년 '그랜드 엠'으로 상호를 바꾸고도 여러 번 영업 위기를 겪고서 현재는 필로스 호텔로 이름을 바꾸어 영업을 하고 있습니다.

1992년 시그너스 호텔에서 열린 포항국제학술회의.
호텔이 개관하고 그해 5월, 포항공과대학과 경북대학교가 주최하고 동아일보사 협찬으로 '환동해의 개발과 협력의 신질서'라는 주제로 국제학술회의가 열렸다. 한국, 러시아, 중국, 일본, 미국, 유럽의 전문가들이 참가하고 폐막일에는 '환동해의 개발 협력에 관한 포항선언문'도 채택할 예정이라고 1992년 5월 12일자 동아일보에 나온다.

1988년 시그너스 호텔 공사 중. 지금도 인근에서는 가장 높은 건물인데 건설 당시 육중한 건물에 온천사우나는 물론 나이트클럽까지 갖춘 지역 최초 특급 호텔이어서 관심을 모았다.

현재의 필로스 호텔. 시그너스 호텔은 여러 차례 영업 위기를 겪고 한때 그랜드 엠으로 상호를 바꾸기도 했다가 지금은 필로스 호텔이라는 이름으로 영업을 하고 있다.

교회 2 – 남부교회, 지금은 포항서림교회

지금보다 크리스마스가 더 따뜻하고 즐거운 날로 기억되던 초등학교 시절, 아마 그때가 마음이 더 순수해서이거나 주변에서 접하기 어렵던, 노래 부르고 연극하는 분위기를 당시는 교회에서만 접할 수 있어서가 아닐까 합니다. 종교랑 상관없이 크리스마스에는 교회 가는 줄 알았던 것도 그때였습니다.

앞서 말씀 드렸듯이 용흥동 7번 국도변에 시외버스터미널이 있었습니다. 항상 사람이 붐비는 곳이었지요. 터미널 근처에 많던 식당, 여관, 약국 등은 없어졌지만 교회는 그 위치 그대로 있습니다. 하지만 교회의 이름은 바뀌었습니다. 제가 남부초등학교 다닐 때는 그 교회가 남부교회였습니다. 남부교회는 1945년 이발소 건물에서 예배당

포항서림교회. 예전에는 오랫동안
남부교회가 있었다.

1970년 용흥동에 있던 남부교회. 용흥동 시외버스 정류소 맞은편에 남부교회가 있었다. 사진에서 보이는 교회 종탑이 정겹다.

이 시작되었다고 합니다. 포항제일교회의 전신인 당시 포항교회에서 용흥동에 지교회인 용흥교회를 분립한 것으로 2003년까지 용흥동 그 자리에 있다가 2009년 우현동으로 이전하고 교회 이름도 늘사랑교회로 바꾸었습니다. 용흥동 남부교회 자리에는 '포항서림교회'가 현재 있습니다.

동네 사람 인터뷰 3 - 동흥상회

지금은 남부초등학교의 정문이 동쪽, 즉 죽도동 방향으로 나 있지만 예전에는 꽤 오랫동안 서쪽, 즉 용흥·양학동 방향으로 나 있었습니다. 그도 그럴 것이 죽도동 쪽은 사람이 살지 않았던 반면에 초등학교를 다닐 애들의 집들이 용흥동에 대거 있었기 때문입니다. 그러다 보니 대로변에 나있는 정문을 가려면 길 건너 용흥동에서 학교 가는 친구들은 횡단보도를 이용해야 했지요. 그래서 횡단보도 주변에 문방구 등의 점포가 모여 있었습니다. 지금은 학생 수도 줄고 학교 정문도 옮겨가서 옛날의 흔적을 찾을 길 없지만 1986년부터 지금까지 자리를 지키고 있는 가게가 있습니다. 바로 동흥상회입니다. 초등학교 친구 어머니기도 한 김월선(75)님은 삼척이 고향으로 1967년 포항으로 시집오면서부터 용흥동에 계셨으니 53년째 용흥동의 변화를 지켜보고 계십니다.

동흥상회. 1986년부터 자리를 지키고 있다. 남부초등학교 학생 수도 줄고 정문도 옮겨가서 지금은 인도도 없고 가게 앞 건널목도 없어졌다.

1972년 감실골. 양학산과 죽림산에 의해 만들어진 감실골은 감실못이 있었으며 지금의 포항의료원의 전신인 도립포항의원이 설립되었다.

용당리

감실골

도립포항의원, 도립동해의료원, 그리고 포항의료원

  일제강점기 때 이미 우리 지역에 도립포항의원이 필요하다는 말이 나왔습니다. 포항 규모가 점차 커지면서 의료가 뒷받침되어야 하는 건 그때나 지금이나 다르지 않았습니다.
  1939년에 '도립포항의원' 설립인가를 받고, 설립부지가 문제였습니다. 예정지인 향도(지금의 송도) 해안은 당시 시민들이 반대를 하였다고 합니다. 여러 의논 끝에 1940년 2월 25일 용흥동 감곡지(감실못)를 기점으로 하는 약 6천5백 평으로 결정되었습니다.(부산일보 1940년 2월 27일자) 이후 공사가 조금씩 진행되었고 조선총독부관보에 실린 인사발령에 '1941년 4월 1일 도립포항의원장 사무취급'이라는 내용으로 보아 '경상북도립포항의원'이라는 공식 명칭으로 개원한 것은 1941년입니다. 이후 '경상북도립포항병원'이 되어서 포항에 오래 계신 분들이 포항의료원을 도립병원이라고 부르는 이유입니다.

1972년 도립포항병원 전경. 1939년 도립포항의원 설립인가를 받고 1941년 감실골에 경상북도립포항의원으로 개원하였다. 이후 도립포항병원이 되었고 1973년에 경상북도동해의료원이 되었으며 1982년에 포항의료원으로 이름을 바꾸었다. 사진 우측의 기와집 건물이 일제강점기 때부터 있었던 도립포항의원 시절 건물이고 이후에도 환자 병실로 계속 사용했었다. 선린대학교의 전신인 포항간호고등기술학교도 도립포항병원 내에 있어서 당시는 교육기능까지 갖춘 종합의료기관이었다.

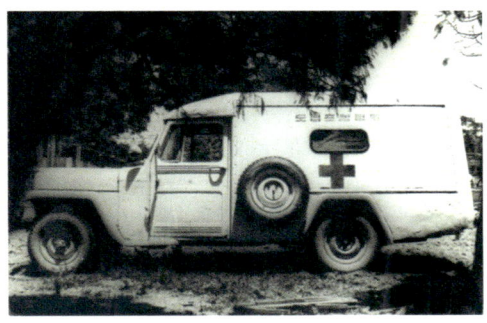

도립포항병원 구급차.
구급차에 적힌 '도립포항병원' 글씨에서 시간이 가진 아우라를 느끼게 한다.

1973년에 '경상북도동해의료원'으로 이름을 바꿉니다. 지금까지도 동해의료원이라고 부르는 분들이 계십니다. 1982년에 '포항의료원'으로 이름을 바뀌어 현재까지 지역의료를 맡고 있습니다.

같은 병원을 두고 도립병원, 동해의료원, 포항의료원이라고 제각기 부르는 분들은 각각의 기억 속에 그때의 추억을 간직하고 있는지도 모릅니다. 포항의료원 이름의 변천사는 그 자체만으로도 지역의료계 역사의 한 부분이라고 할 수 있습니다.

한 가지 더 기록해두고 싶은 것은, 1969년 3월 20일 '포항간호고등기술학교'가 개교를 하였는데 후에 선린대학교로 발전하게 됩니다. 이 포항간호고등기술학교가 도립병원 건물 뒤에 설립되어, 당시 도립병원은 진료뿐 아니라 간호 인력 양성의 교육기능까지 갖춘 종합의료기관이었습니다.

1969년 포항간호고등기술학교 개교. 선린대학교의 전신인 포항간호고등기술학교도 도립포항병원 내에 있어서 당시는 교육기능까지 갖춘 종합의료기관이었다.

1973년 동해의료원 개원. 도립포항병원에서 경상북도동해의료원으로 개원하였다.

1979년 동해의료원 정문. 죽림산 아래 감실골에 위치한 동해의료원은 감실못과 주변의 낮은 집들이 주는 평화로움이 있는 최신 병원이었다. 하지만 지금은 감실못도 메워지고 주변도 난개발되어 오히려 예전보다 더 정돈되지 못한 느낌이다. 거기다가 병원 건물 또한 여러 차례의 확장공사로 예전 병원 모습은 거의 볼 수 없게 되었다.

죽림산에서 내려다 본 감실못 전경. 동해의료원 앞에는 감실못이 있어서 겨울철이면 썰매를 타는 어린이들로 붐볐다. 하지만 안타깝게도 많은 사고도 있었다. 죽림산을 오르는 흙길이 정겹다.

1979년 죽림산 계단에서 내려다본 감실못 전경. 죽림산에 지금처럼 계단 공사가 이루어진 것은 1979년이다. 산 중턱에 포항지구전적비를 조성하면서 계단 공사도 같이 이루어졌다. 산 아래 감실 못과 동해의료원의 전경이 보이고 맞은편 양학산 아래에는 과수원이 있었다.

감실못

포항의료원 앞에는 '한국수산자원관리공단' 건물이 있습니다. 얼마 전까지는 해양경찰서가 있다가 이전하였습니다. 용흥동에 오래 계신 분들은 이 자리에 있던 넓은 못을 기억하실 겁니다. 죽림산을 배경으로 고요하게 펼쳐진 연못은, 죽림산을 오르내리며 바라다 보이는 경치도 일품이었지만 겨울철이면 많은 어린이들이 썰매를 타는 최고의 명소이기도 하였습니다. 하지만 수심이 깊어 사고도 빈번했던 안타까운 기억도 있습니다.

포항의료원이 있는 이 일대가 감실골입니다. 그래서 이 못도 감실못이라 하였습니다. 감실못은 1917년에 제작된 지도에도 정확히 죽림산 남쪽 아래 현재 위치에 표기되어 있습니다. 그러던 것이 1982년에 매립되고 건물들이 들어섰습니다. 많은 이들의 기억 속에서 감실못은 점차 잊혀져가고 있습니다.

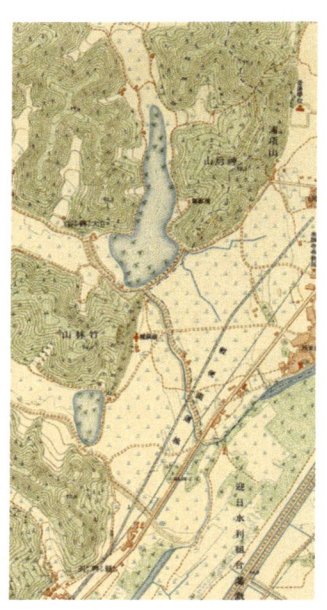

1917년 제작된 포항 지도. 죽림산과 남쪽에 감실못이 정확히 표기되어 있다.

감실못이 있던 터. 감실못은 1982년에 매립이 되었다. 이후 해양경찰서가 있다가 이전하고 지금은 한국수산자원관리공단이 들어서 있다.

사찰 2 - 대성사

감실골에서 또 떠오르는 기억은 '대성사'라는 절입니다. 초등학교 시절 대성사로 소풍 갔던 기억도 선명합니다. 사실 감실골에서 초등학교를 다니던 친구들도 많은데 그들 입장에서 생각해 보면 소풍을 집 근처로 간 셈이 되는 거지요. 그만큼 감실골은 깊었고 지금은 도심에 있는 것 같은 대성사 또한 그 당시는 산속에 있는 절로 여겨졌다는 겁니다.

대성사는 1944년에 용흥동 현재 위치에 창건되었으며 당시는 법화종이었으나 1981년 현재 주지스님인 운봉스님이 맡으면서부터 대한불교조계종 제11교구 본사인 불국사 말사로 되어 있습니다. 경내에는 석조관음보살좌상(문화재자료 제515호)과 사명대사의 원불願佛이라 전하는 높이 9.5cm의 금동여래좌상(경상북도 유형문화재 제409호)이 있습니다.

대성사 소장 금동여래좌상(경상북도 유형문화재 제409호). 사명대사가 호신불로 모셨던 불상이라 하여 사명대사의 원불이라 하며 불상 복장에서 사명대사가 직접 쓴 원장이 발견되어 역사적 가치가 크다 한다.

대성사. 1944년 대광스님이 창건하였으며 당시는 법화종이었다가 1981년 운봉스님이 주지를 맡으면서부터 조계종 사찰로 되어 있다. 초등학교 시절 소풍을 가기도 했던 넓고 한적한 곳이었다.

기사로 보는 용흥동 2 - 초등학교 운동장에 나타난 멧돼지

《포항CBS》　　　　　　　　　　　　　　　　　　2007년 4월 11일

"얘들아 피해!"
멧돼지와 초등학교 선생님 한판 소동

　　한 체육교사의 기지가 학교 운동장에 나타난 멧돼지로부터 학생들을 구해냈다. 지난 9일 오후 12시 15분쯤 포항시 북구 용흥초등학교 운동장에는 송아지만 한 크기의 멧돼지가 등장했다. 입에 거품을 물고 흥분한 멧돼지는 운동장의 철제 울타리를 들이받는 등 10여 분 동안 소란을 피우다 앞 산으로 달아났고 학교는 그야말로 아수라장이 됐다. 당시 상황을 목격한 이 학교 신미자 교사는 "멧돼지가 입에 거품을 물고 미친 듯이 날뛰었다"며 "학생들과 교사들은 그야말로 공포의 도가니에 빠졌다"며 당시 상황을 묘사했다. 하지만 한 용감한 교사의 기지로 다행히 초등학생들은 위기를 모면할 수 있었다. 인근 동지여중에 체육수업을 하던 변성규 교사는 초등학교를 향해 돌진하는 멧돼지를 우연히 목격하고 추격에 나섰다. 때마침 하교시간이었기 때문에 변 교사는 학생들을 구해야 된다는 생각에 몽둥이까지 들고 멧돼지를 쫓아갔다. 그 뒤 멧돼지가 운동장에 들어서자 이 학교 교무실까지 들어가 안내 방송으로 학생들을 대피시킨 것. 멧돼지로부터 위협을 느끼지 않았냐는 질문에 변성규 교사는 "교사로서 학생들을 구해야 한다는 생각이 먼저 앞섰다"며 체육교사로 단련된 체력 덕분에 재빨리 멧돼지를 뒤쫓을 수 있었다"고 당시 상황을 설명했다. 변 교사의 기지로 큰 사고를 모면한 학교는 즉시 가정 통신문을 발송하고 학생들과 학부모들이 인근 등산로 출입을 자제해달라며 요청하고 나섰다. 그러나 이번 사태에도 불구하고 포항시는 인근 야산의 출입을 통제하지 않고 있으며 포획활동 또한 난항을 겪고 있다. 포항시는 이번에 멧

돼지가 출몰한 북구 양학동과 용흥동 일대 야산을 중심으로 오는 16일부터 일주일 동안 엽사 3~4명을 동원해 포획활동을 실시할 계획이라고 밝혔다. 이와 관련해 시는 포항북부경찰서로부터 사용허가에 관한 구두약속을 받았다며 16일부터 이 일대 등산로 출입을 통제할 계획이다. 하지만 시는 포항남부경찰서와의 총기 사용 합의는 난항을 겪고 있어 같은 산줄기로 연결된 남구의 출몰지역을 제외하고 실시되는 포획활동에는 실효성의 의문이 제기되고 있다.

포항CBS 정상훈 기자 hun@cbs.co.kr / 2007-04-11 18:37

동네 사람 인터뷰 4 - 김병기

'포항향록학교는 1960년대 포항 지역에서 재건국민운동과 새마을 운동을 이끌었던 김병기가 1966년 7월 설립 등록을 하고 개교한 비정규 야간학교이다. 포항남부초등학교 내의 독립교실에서 수업을 진행하였고, 1968년 5월부터는 2대 김우원 교장이 폐교 시까지 운영하였다. 이 학교가 촉진제 역할을 하여서 당시 포항·영일의 곳곳에서 뜻 있는 인사들이 재건학교를 설립하는 계기가 되었고, 졸업생들과 자원봉사 교사들이 이후 포항 지역 사회의 발전에 큰 역할을 하였다(포항교육사 p. 785).'

1960년대에 '재건학교'라고 있었습니다. 정규교육의 기회를 받지 못한 사람들에게 유사한 교육을 제공하던 학교입니다. 용흥동에서 재건학교인 '향록재건학교'(1966년 7월 25일 인가를 받았고 1976년 4월 10일 '향록청소년학교'로 교명을 바꿨으며 1985년 12월 1일 폐교)를 설립한 김병기(82)님은 용흥동의 오랜 모습을 기억하는 몇 안 되는 분 중 한 분입니다. 1970년대 새마을 지도자, 농촌 지도자 활동으로 용흥동에 전기와 상수도 시설 등이 들어오는 데 많은 역할을 하였으며 30대 후반에는 용흥동장으로 4년간 근무도 하였습니다. 대성사 창건주로 법화종 종의회 의장까지 지낸 대광스님이 부친이며 일찍부터 지역사회활동에 몸담은 배경에는, '사람은 이웃과 더불어 살아야 한다.'는 선친의 가르침이 있었다고 합니다. (사)아름다운사회만들기봉사단을 이끌며 지금도 지역을 위한 봉사와 청소년을 위해 교육활동을 이어가고 있습니다.

동네 사람 인터뷰 5 - 감실골발전협의회

흥해읍 대련리가 고향인 문운(66)님은 1979년 '강원슈퍼'를 운영하면서 감실골에 발을 붙인 뒤 동네 발전을 위해 많은 일을 해왔습니다. 용흥동청소년공부방운영위원회, 감실골도로위원회, 감실골발전회, 감실골발전협의회... 이름은 조금씩 바뀌었지만 용흥동 감실골에서 필요한 복지 관련 일을 주민 자체적으로 해오는 데 많은 역할을 했습니다. 용흥삼성푸른아파트(1996년 6월 입주)가 건설될 때 지어준 건물을 '용흥동 청소년 공부방'으로 운영하였고, 포항시에 헌납한 후 '용흥동 복지회관'으로 이름을 바꿔 1층에는 인터넷 강의, 2층에는 청소년 공부방, 3층에는 체력단련실을 포항시의 일부 보조금을 가지고 운영하며 주민복지에 힘쓰고 있습니다.

뿐만 아니라 감실골 지역 내 경로잔치, 연탄보급, 장학금 전달, 동네 청소 및 방역 등 포항시의 행정이 미치지 않을 때부터 동네에서 필요한 일을 스스로 실천해오기도 했습니다. 감실골발전협의회에서는 마을 입구에 '용흥동 감실골'이라는 표지석을 세울 계획을 하고 있습니다.

용흥동 복지회관. 1층에는 인터넷 강의, 2층에는 청소년 공부방, 3층에는 체력단련실을 포항시의 일부 보조금을 가지고 운영하며 주민복지에 힘쓰고 있다.

1963년 대왕골.
죽림산과 대흥산 사이의 골짜기로 대왕골, 대안골, 대흥골 등으로 불렸다. 지금은 현대아파트가 있는 자리에 동지교육재단 4개 학교가 있었다. 사진에서도 학교 운동장이 보이고 멀리 대왕골의 논들이 보인다.

대왕골(대안골, 대흥골)

동지교육재단 4개 학교

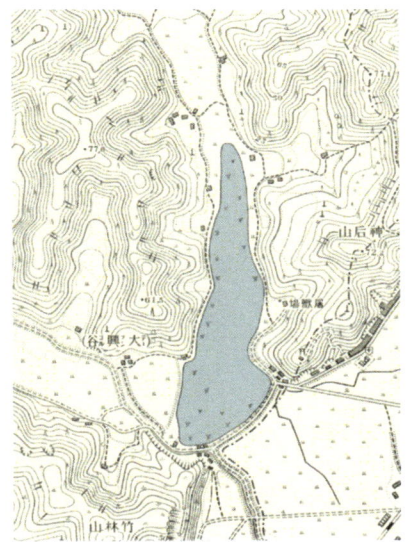

1936년 제작 포항 지도.
지도에 대흥곡(大興谷), 즉 대흥골이 명시되어 있다. 그리고 대흥골 입구에 큰 못이 있는 것을 알수 있다. 지도에서 못이 있는 곳이 지금의 현대아파트가 있는 자리이며 그 이전에는 동지상업고등학교가 있었다.

포항에 학교를 손가락으로 꼽을 수 있을 만큼 많지 않던 시절, 용흥동에는 중학교와 고등학교가 4개나 있었습니다. 동지교육재단 소속이었습니다. 1946년 대송면 송정동에서 동지상업학술강습소로 개교한 동지중학교, 동지상업고등학교가 용흥동 57번지 일대 속칭 대왕골 교사로 이전해온 것은 1953년의 일입니다. 그리고 1966년부터는 동지여자중학교와 동지여자상업고등학교가 차례로 개교함으로써 용흥동 대왕골은 학생들로 가득 찼습니다. 1972년에 남녀 학교 교사를 서로 교환 후 오늘날 현대1차아파트 위치에 남학교 교사가, 현대2차아파트 위치에 여학교 교사가 있었습니다.

학교 앞으로 포항-기계간 국도 확장과 도심을 가로지르는 고가도로가 건설되면서 학교 이전을 논의하였고 여중과 여상은 1992년 용흥동 511번지 일대의 감실골로 이전하였습니다. 남중과 남고는 각각 1989년과 1988년 송도동으로 이전하였다가 2002년, 현재의 위치인 용흥동 산 125-3번지 일원으로 이전했습니다. 다시 4개 학교가 만난 셈입니다. 그리고 동지상업고등학교는 1983년에 동지종합고등학교로, 다시 1988년에 동지고등학교로 교명이 바뀌었으며 동지여자상업고등학교는 2009년에 동지여자고등학교로 교명이 바뀌었습니다.

1979년 대왕골에 있던 동지중·고등학교.
멀리 수도산이 보이며 우회도로(새천년대로)가 나기 전의 대왕골, 우미골의 모습을 볼 수 있다.

대단지 아파트 2 – 현대아파트

일제강점기 때 만들어진 포항 지도를 보면 지금 흔히 탑산이라 부르는 죽림산의 남북으로 각각 넓은 연못이 있습니다. 남쪽 연못은 감실못이라 하여 포항의료원 앞에 위치하였던 연못으로, 이후 메워져서 지금은 한국수산자원관리공단이 들어섰습니다. 북쪽 연못은 이보다 빨리 메워져서 동지중·고등학교가 들어섰다가 학교는 1988년 송도동으로 이전하고 학교가 있던 자리에는 현대1차아파트가 들어서 1990년부터 입주하였습니다. 동지여자중학교, 동지여자상업고등학교가 1992년까지 있던 위치에서 이사간 후 그 자리에 현대2차아파트가 들어서게 되었으며 1996년부터 입주하였습니다.

현대아파트. 일제강점기 때 제작된 지도에 못으로 표기되어 있는 곳에 동지중·고등학교가 있었고 우회도로가 생기면서 학교는 송도동으로 이전하고 현대1차아파트가 들어섰다. 한편 동지여중, 동지여상이 있던 곳에는 현대2차아파트가 지어졌다.

대단지 아파트 3 – 도시의 흉물, 금광 포란재

금광 포란재. 연화재를 넘어 포항으로 들어오는 관문에 짓다가 중단된 채 20여 년 동안 흉물로 방치된 아파트 건물이 있다. 도시의 흉물이 어떻게 만들어지는지 잘 보여주는 사례로 처음부터 이곳이 아파트를 허가해줄 만한 곳이었는지 의문이 든다.

대구에서 고속도로를 통해 포항으로 와서 죽도시장에라도 가려면 제일 많이 지나게 되는 길에 십수 년 동안 방치된 짓다 만 아파트가 있다는 건 속상한 일입니다. 도시의 흉물이랄 수밖에 없는 금광 포란재 아파트의 과정을 정리해보겠습니다.

1997년　　성우주택이 사업에 착수.
2000년　　부도가 나면서 공정률 44%에서 공사 중단.
2003년　　금광건업이 사업을 인수해 공사를 재개했으나 이 회

	사마저 자금난을 겪으면서 다시 공사가 중단됐고 아파트 부지는 경매로 넘어감.
2010년	솔빛주택건설이 아파트 부지를 경매 받음. 하지만 현재 사업 주체는 성우주택으로 돼 있음. 성우가 받으려는 사업 소유권 이전 대금과 솔빛 측이 제시하는 금액 차이가 너무 커 중재가 쉽지 않은 상태.

이렇게 꼬여버릴 때까지는 여러 사정이 있을 겁니다. 하지만 그 전에 이곳이 과연 아파트가 들어올 만한 곳이었느냐는 다른 문제입니다. 이곳 역시 산을 깎아 아파트를 만들려 했습니다. 그것도 도로랑 인접한 가파른 산을 말입니다. 지금 콘크리트 덩어리로 남은 아파트의 외형을 보더라도, 가파른 산에 겨우 비집고 들어서 있는 모습이 위태합니다. 또 완공이 되었다면 그 앞 기존 도로가 교통량을 다 소화해 낼지도 의심스러워 보입니다. 바로 앞이 대단지 아파트인 우방아파트이기 때문입니다. 하지만 버젓이 아파트 건설이 허가되었고 건물은 올라가기 시작했습니다. 심지어 당시 제 기억에는 공사가 예정되어 있었을 그때 그곳에 현수막이 걸려 있던 걸 본 것 같습니다. 아파트 공사현장이 아니라는 내용으로 말입니다.

사찰 3 - 운흥사

죽림산에 죽림사, 감실골에 대성사가 있다면 창건 시기는 제일 늦지만 대왕골에는 운흥사가 있습니다. 한때 오어사 주지를 하던 심우당 강정득이라는 분이 태고종 사찰로 창건한 절입니다. 현재는 한라아파트 맞은 편 산자락에 운흥사가 위치하지만 처음 운흥사는 대왕골 논 옆으로 난 길가(안포가도)에 있었습니다. 그때는 지금과 풍광이 완전히 달라서 안포가도에는 백양나무가 나란히 서 있었고 비포장도로를 트럭이 지나가면 길은 흙먼지로 뒤덮였습니다. 지금 한라아파트가 논이었는데 건너편까지 목탁 소리가 들렸습니다. 그 시절을 대왕골에서 보낸 분들은 동짓날이면 절에 가서 팥죽 먹던 일을 아련히 떠올립니다. 당시 절에는 많은 자취생들도 있었다고 합니다. 그러다가 1980년대에 들어와서 난승스님이 주지를 맡으면서 새로이 법당을 현재 위치인 산 중턱에 짓고 조계종 사찰이 되었습니다. 그리고 산 아래 원래 절이 있는 자리는 연립주택이 들어서게 되었습니다.

운흥사 전경.

동네 사람 인터뷰 6 - 한무합기도무술관

　용흥동에서 태어나서 용흥동에 줄곧 살아온 사람이 그리 많지는 않을 겁니다. 운흥사 맞은편에 있는 한무합기도무술관은 1996년부터 현재 위치에 있으며 관장인 임영환(66)님은 대안골, 현재 용흥교회 자리에서 태어나, 대왕골에 있던 동지중, 동지상고(22회졸업)를 졸업하는 등 군대 생활 3년을 제외하고는 지금까지 용흥동 대안골을 지키고 있습니다. 어릴 적 용흥동의 모습이 그나마 남아 있는 곳이 대안저수지라 회고합니다. 용흥동이 고향인 사람들을 찾아서 친목단체 '용흥동을 사랑하는 모임(회)'를 만들어, 어릴 적 기억도 나누고 용흥동에 대한 애정을 쌓아간다고 합니다.

용흥동을 사랑하는 모임 회원들. 용흥동 토박이들로 구성되어 있으며 어릴 적 기억도 나누고 용흥동에 대한 애정을 쌓아간다고 한다.

동네 사람 인터뷰 7 - 허경태

허경태(60)님은 용흥동 대안지 바로 아래가 고향입니다. 과수원을 하시던 아버님은 대안지를 관리하는 일도 맡으셨다 합니다. 그곳에서 줄곧 자라며 포항초등, 포항중, 동지상고(27회 졸업)를 다녔으니 누구보다도 오래 대안골의 변화되는 모습을 보아왔습니다. 20년의 공무원 생활의 처음도 용흥1동사무소로 발령(1979년 9월 1일)을 받았을 뿐만 아니라 용흥동이 한창 개발 중이었던 시절에는 용흥동사무소에서 개발계장으로 공무를 맡았으니 대안지는 물론 감실골 등 용흥동의 구석구석이 머릿속에 다 있을 정도입니다. 현재는 경상매일신문 편집국장을 맡고 있으며 저술활동에도 힘쓰고 있습니다.

'대안지는 여름이면 천둥벌거숭이들이 마음껏 헤엄치던 곳이자, 겨울이 되면 꽁꽁 언 얼음 위로 썰매를 지치며 시간 가는 줄 모르고 놀던 최고의 놀이터'(〈대안지, 내 유년의 추억을 만나는 곳〉 中에서) 로 기억하지만 아파트 숲으로 변한 고향을 아쉬워합니다.

'도시의 개발에 밀려 / 지금은 없어져 버린 고향 / 내 유년을 송두리째 덮어 버린 아파트의 / 그 육중한 무게에 눌려 한여름에도 / 겨울처럼 차가운 가슴으로 / 조각난 유년의 고향을 되새김질 합니다.'(〈鄕愁(향수)를 들으며〉 中에서)

대안지

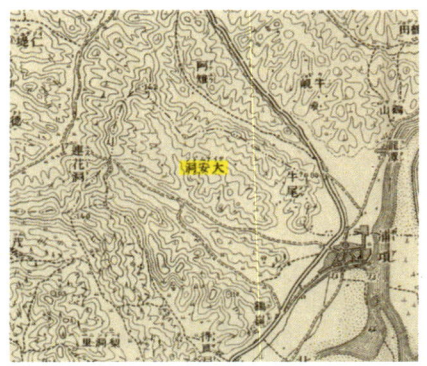

1910년 측정한 포항 지도. 용흥동이라는 행정 지명은 1914년에 처음 사용되었다. 1910년 지도에는 연화동, 우미라는 지명과 더불어 대안동이라 적은 지명이 눈에 띈다.

용흥동은 태백산맥의 준령들이 동해 영일만으로 내려오면서 형산강 하구와 만나서 이룬 땅입니다. 따라서 낮지만 명산도 많고 이루는 골도 깊습니다. 대표적인 골이 감실골, 대왕골, 우미골인데 지금은 산을 깎고 골을 메워 아파트가 들어서면서 골짜기라는 말이 무색해지고 말았습니다. 그렇지만 아직 예전 골짜기의 모습을 그나마 간직한 곳이 있습니다. 대왕골 입구인 현대아파트를 지나 용흥우방아파트 쪽으로 해서 한라맨션을 지나 더 깊이 들어가면 그곳이 '태안골'로도 불리는 대안골大安谷(대안곡)입니다. 연화재 사거리로 연결되는 대왕골 다리 밑을 지나는데 그 다리가 워낙 육중하고 높아서 상대적으로 골의 깊이가 얼마나 깊은지를 가늠하게끔 합니다. 대안골에는 못이 있는데 바로 대안지大安池입니다. 이곳에 사셨던 어른들 말씀에 따르면 늘 물고기 잡고 노닐던 곳이었다고 합니다. 지금은 체육공원이 들어서고 못 위로 데크가 설치되어 운동하는 분들이 찾곤 합니다. 그나마 예전 모습이 남아 있어 사라진 용흥동의 다른 골짜기들을 떠올려 볼 수 있습니다.

대안지.
용흥동에는 골짜기가 많았고 또한 골짜기마다 못이 있었다. 하지만 유일하게 남은 못이 대안지이다. 대안지는 최근 수상데크가 설치되고 못 주위에는 체육공원이 들어서서 많은 시민들이 찾는다.

우미골

1977년 우미골.
쌍용아파트를 비롯해 여러 아파트들이 들어서서 지금은 알아볼 수 없는 우미골의 원형의 모습을 볼 수 있다. 골짜기 대부분은 논으로 되어 있고 산 아래를 따라 길이 구불구불하게 나있어서 길 따라 민가들이 모여 사는 모습이 다른 골짜기도 마찬가지였다.
멀리 비학산이 보이는 것 또한 감동이다.

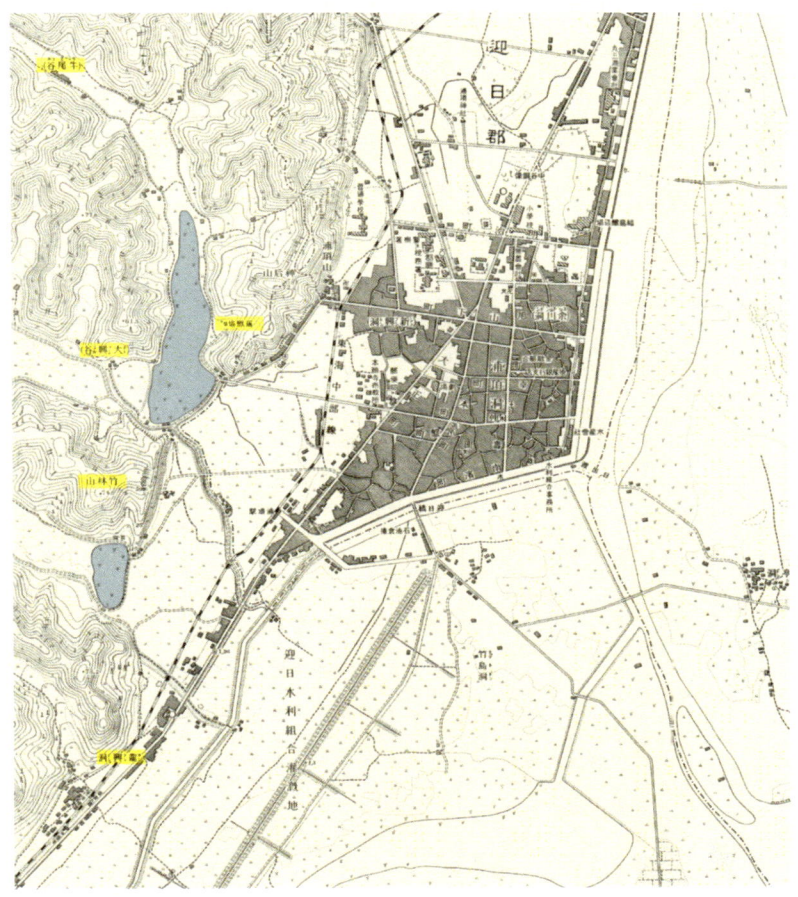

1936년 측정 포항 지도.
개발되기 전의 포항의 모습을 확인하는 데 지도만큼 좋은 것이 없다. 1936년 측정된 지도는 용흥동의 골짜기와 산들이 정확하게 표기되어 있다. 용흥동을 지나가는 철도 노선도 확인이 되고 용당리 부근에 용흥동이라고 표기되어 있다. 또한 죽림산과 대흥곡, 우미곡이 정확히 나타나 있으며 수도산(지도에는 신후산이라 표기)의 서쪽에는 도수장(屠獸場)이 보인다. '소 잡는 골'이라 했던 곳과 일치한다.

도축장

용흥동의 가장 북쪽에는 우미牛尾골이 있습니다. 그리고 용흥동 북쪽 경계와 접하는 인근 동이 우현牛峴동입니다. 지명에 공통으로 소 '우牛'자가 쓰인 것을 알 수 있습니다. 그래서였을까요? 지금은 흔적도 찾을 길 없으나 옛 지도와 기사를 통해 용흥동에 도축장이 있었음을 알 수 있습니다.

산 깊은 용흥동에 있는 도축장이 무서웠겠지요. 1938년 10월 2일 《부산일보》 기사에는 '용흥동의 도살장이라고 하면 세 살짜리 어린애도 조용했던'이라는 내용이 나옵니다. 그리고 도축장의 짐승을 위한 제사도 지낸 걸 알 수 있습니다. 《부산일보》 1939년 6월 5일자 기사에 따르면 '포항읍에서는 3일 오전 10시부터 용흥 도수장의 낙성식을 겸한 수혼제獸魂祭를 거행하였다'라고 나옵니다.

수도산의 서쪽으로, 예전에는 '소 잡는 골'이라 불렀다.

기사로 보는 용흥동 3 - 낙성식과 수혼제

부산일보　　　　　　　　　　　　　　　　　　　1939년 6월 5일

〈낙성식과 수혼제〉 포항 용흥 도살장

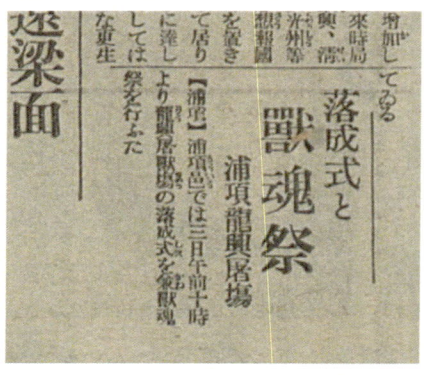

　(포항) 포항읍에서는 3일 오전 10시부터 용흥 도수장의 낙성식을 겸한 수혼제를 거행하였다.

기사로 보는 용흥동 4 - 포항의 도우장으로 송전설비

부산일보   1938년 10월 2일

   (포항) 형산면 용흥동에 종래 설치되어 있는 포항읍의 도우장은 이번 모 방면 대상의 소, 돼지의 통조림 대량제조생산의 필요가 시급해지면서 이번 대규모의 도살장을 건설하고 이제부터는 사업이 다망해지게 되었으므로 낱선전기는 마사츠산*을 횡단 직행하여 송전설비를 통행하기에 이르러 공사도 지난 24일 완성한 모양인데 지금까지 용흥동의 도살장이라고 하면 세 살짜리 어린애라도 조용했던 뒷산이 일시에 생산공장의 탄생으로 변창해지게 된 것도 포항 발전의 한 현상이라고 해야 할 것이다.

---

* 일본어로 마사츠로 발음되는 지명은 어느 지도에도 나오지 않습니다. 다만, 추측하기에 도우장이 있던 곳에서 말도 도축하였을 가능성을 확장 해석해서 마살(馬殺)로도 이름을 붙이게 된다면 신후산(神后山)으로 명명하기도 하였던 지금의 수도산을 마사츠(馬殺)산이라고 부르기도 하지 않았을까하는 견해(김진홍)도 있습니다.

1984년 실내사격장 기공식. 기사를 검색해 보면 일제강점기 때부터 용흥동에 사격장이 있었음을 알 수 있다. 1984년 용흥동에 실내사격장을 건립하는 것 또한 우연은 아닐 것이다.

1984년 공사 중인 실내사격장.

포항실내사격장

옛 기사로 용흥동의 자취를 찾다 보면 용흥동에 사격장이 있었음을 알 수 있습니다. 위치를 추정해 보건대 수도산의 용흥동 쪽 골짜기로 짐작됩니다. 일제강점기 때는 지금의 용흥동과는 지형적 조건이 많이 달라, 깊은 용흥동 산 아래면 사격장으로도 적당했을 것입니다. 포항의 구도심과 멀지 않은 장점도 있고 말입니다.

1984년 수도산 아래 용흥동 쪽에 포항실내사격장이 건립된 것도 우연이 아니라고 봅니다. '땅에 새겨진 무늬'를 '터 무늬'라 해서, 땅마다 고유한 쓰임이 있다고 강조하는 건축가 승효상 교수의 말을 굳이 인용하지 않더라도 한 번 사격장으로 사용되면 큰 변수가 없는 한 사격장으로 계속 사용될 가능성이 높기 때문입니다.

기사로 보는 용흥동 5 – 포항 향군 춘계대회 사격성적 *

부산일보　　　　　　　　　　　　　　　　　1925년 5월 31일

　　(포항) 포항재향군인분회는 1925년 5월 27일 해군기념당일 용흥동 분회사격장에서 춘계사격대회를 개최하였는데 정회원 95명 내빈 19명으로 정회원은 오전 8시부터 내빈은 오후 1시부터 발사 동 3시 종료하고 심사계장 모모오 중위로부터 성적 발표 후 상품 수여 그리고 나서 총회로 이어져 24년도 결산보호와 평의원의 일부 개선 선거를 행하고 종료하고 마사츠산 산정에서 해군기념의 식전을 거행. 미가미 분회장은 당시의 고도대장의 봉답문을 낭독하고 사기를 고취시키고 폐식에 이어 축하연설을 한 후 서로 잔을 교환하며 연작하고 가토 식산은행지점장의 선창으로 일동 건배 폐하에 대한 만세삼창 축하한 후 폐회.

　　당일의 입상자 성적은 다음과 같음

　　　　　　　　　　　　　　　　　　- 입상자 점수, 성명은 생략 -

---

* 일제강점기 때 용흥동에 사격장이 있었음을 확인할 수 있는 기사여서 소개드립니다.

포항여자전자고등학교

감실골에는 '감실못'이 있었고 대왕골(대안골)에는 '대안지'가 지금도 있습니다. 그러면 우미골은 어땠을까요? 용흥쌍용아파트(98년 4월 입주), 성봉우미타운(96년 9월 입주)으로 이어지는 우미길이 우미골입니다. 1991년 연화재를 가로질러, 재 넘어 감실골과 연결이 되기 전까지는 깊은 골짜기였을 뿐만 아니라 교통편이 둘러 와야 하기 때문에 꽤 먼 곳이기도 했습니다. 우미골 깊은 곳에는 '우미못'이 있었습니다. 마을 사람들은 '저 우에(위에) 못'이라고 했다 합니다. 그만큼 깊은 골짜기를 말해줍니다.

못이 있던 자리에 지금은 포항여자전자고등학교가 있습니다. 1993년 포항여자실업고등학교로 설립인가를 받은 후 포항상대초등학교에서 임시 교사로 개교하였고 1996년 3월 포항여자전자고등학교로 학교 이름을 바꾸고 용흥동 우미골 부지로 신축 이전하여 현재에 이릅니다. 축구부가 특히 유명하며 일본에서 활동하고 있는 이민아 선수를 비롯해 김아름, 김민아, 오아름 선수가 이 학교 출신입니다.

동네 사람 인터뷰 8 - 신대전돼지갈비

1969년, 죽도시장 길 건너에서 시작한 '대전식당'은 어릴 때 기억으로도 정말 많은 사람들로 붐볐습니다. 당시 죽도동으로 지나칠 때면 맛있는 돼지갈비 냄새가 진동하고 연기가 자욱했던 기억이 지금도 생생합니다. 한때 신대전식당, 큰대전식당까지 세 개의 가게로 확장 운영하였고 2000년 12월부터는 용흥동 우미골로 이전하여 2대째 이름을 이어가고 있습니다.

신대전돼지갈비. 1969년 대전식당으로 시작하여 한때 신대전식당, 큰대전식당까지 확장 운영하였고 2000년 12월부터 용흥동 우미골로 이전하여 2대째 이름을 이어가고 있다.

용흥주택단지 조감도.
언제부터 양학산이라 불렀는지 모르지만 용흥2동의 철길 너머 산이 양학산이다. 하지만 용흥동에 속했다. 1975년경 양학산 아래 용흥동 일대를 주택단지로 조성한다는 계획이 나왔다. 당시로 보면 병원(동해의료원)이 가깝고 시외버스터미널과 포항역이 가까운 장점이 있었다. 사진에서 보이는 조감도의 그림이 극장 그림처럼 정겹다. 하지만 석유가 나온다는 보도가 있은 후 이 계획은 수포로 돌아갔다.

지방골

용흥주택단지 조성계획

양학산은 언제부터 불렸는지 모르지만 양학동(이전에는 학잠동)과 경계가 되는, 용흥동에 있는 산입니다. 지방골은 용흥동 양학산 아래에 있는 골 이름입니다.

사진 한 장이 많은 것을 설명해주는 경우가 있습니다. 철길 너머의 용흥2동, 즉 양학산 아래 지역을 주택단지로 조성할 계획이 있었습니다. 1975년경 계획으로 당시에 보면 병원(동해의료원)이 가깝고 시외버스터미널과 포항역이 가까운 곳으로 교통이 발달한 곳이니 주택지로는 그만이라고 생각했을 겁니다. 사진에 보면 멀리 죽림산의 탑이 보입니다. 그리고 손으로 그린 조감도가 마치 옛날 극장 그림처럼 정겹습니다. 그림에는 동해의료원과 버스정류소가 표기되어 있습니다.

하지만 주택단지 계획은 수포로 돌아갑니다. 바로 이곳에서 석유가 난다고 보도가 있으면서입니다.

용흥2동에 석유가 난다?

포항에 석유가 난다는 보도는 전국을 떠들썩하게 했습니다. 1976년 1월 16일자 거의 모든 신문 1면을 장식했습니다. 대규모의 유황온천이 발견되었다는 보도도 잇달았습니다. '개발하면 동양최대휴양지로(동아일보 1976년 1월 16일)'된다는 보도에 '겹친 경사에 흥분 못감추는 주민들(동아일보 1976년 1월 17일)'이 용흥동이었습니다. 하지만 한국자원연구소에서 토지 수용 후 석유시추는 중단되었고 용흥동 주민들의 기대 또한 사라졌습니다.

기사로 보는 용흥동 6 - 産油(산유)에의 꿈 차분히

경향신문　　　　　　　　　　　　　　　　　　1976년 1월 16일

　'석유는 의외의 곳에서 발견되었다. 포항시 용흥2동 293 산기슭. 이곳이 바로 예상을 뒤엎고 산유국 한국의 부푼 꿈을 3천5백만 국민들에게 안겨준 〈검은 황금〉의 메카. 이미 20일 전에 높이 30m의 거대한 4각추 모양 시추탑을 철거, 관리경비실만이 남아 있는 한적한 산기슭에는 영하의 추위를 녹이려는 듯 지하 수백m에서 온천수의 더운 김이 무럭무럭 솟아올라 석유시추현장의 열기를 실감케 해주고 있다.

섭씨 70도의 온천수를 이 일대 주민들은 서수瑞水라고 부르면서 이 곳이 온 국민의 이목을 집중시킨 현장임을 뒤늦게 알고 흥분에 들떠 있다.

그러나 지난 7월초 시추가 시작되어 작업이 계속되는 동안 철통같은 경비로 극비에 붙여져 현장 바로 밑에서 사는 주민들도 영문을 모르고 있다가 지난해 12월 포항시가 용흥2동 293 주변의 주택 20여 동을 시가보다 비싼 값으로 사들이자 비로소 한두 사람씩 눈치를 채기 시작했다.

그래서 15일 박 대통령의 석유발견발표가 있은 직후에도 대부분의 포항 시민들은 현재 시추가 진행되고 있는 대도동 54의 1(B지구)과 포항종합제철 입구 형산교 맞은편에 있는 C지구 시추 현장인 해도동에만 관심을 기울이고 있을 뿐 정말 석유가 나온 용흥2동 293 A지구 시추 현장은 눈여겨보지 않고 있다.(중략)'

〈産油(산유)에의 꿈 차분히 - 기적의 현장, 포항시 용흥2동 산기슭〉

《경향신문》 1976년 1월 16일자)

기사로 보는 용흥동 7 - 석유에... 온천에... 활짝 핀 포항

동아일보　　　　　　　　　　　　　　　　　1976년 1월 17일

기사로 보는 용흥동 8 - 강제수용 부지 원소유자에 환매촉구

연합뉴스 1996년 9월 20일

    석유탐사를 위해 강제 수용된 경북 포항시 북구 용흥동 일대 2만 여 평이 개발이 중단된 채 20여 년 동안 방치되자 포항시의회가 해당 부지를 원소유자들에게 환매할 것을 촉구하고 나섰다.

    포항시의회는 20일 재단법인 한국자원연구소가 지난 76년~80년에 걸쳐 수용한 북구 용흥동 294일대 2만 여 평이 원소유자들에게 환매될 수 있도록 포항시가 적절한 대책을 마련하라고 요구했다.

    이 부지는 지난 76년 故 朴正熙 전 대통령이 연두기자회견을 통해 포항지역에서 석유발견 발표 이후 정부가 강제수용 방법으로 매입, 구, 동력자원연구소에 출연한 것이다.

    시의회는 현재 석유시추업무가 이뤄지지 않아 이 일대가 지난 20여 년 동안 방치돼 왔다고 지적, 당초 사업목적이 상실된 만큼 부지를 원소유자들에게 환매절차를 밟아 돌려주어야 한다고 주장했다.

    이에대해 한국자원연구소 관계자는 "석유시추는 중단됐으나 아직도 대륙붕탐사선이 포항을 중심으로 활동 중이고 용흥동에 지진관측망이 들어서 있어 환매가 쉽지 않다"고 밝혔다.

    용흥동 부지는 토지수용 당시 녹지지역이었으나 지난 88년 인근에서 온천이 발견된 데 이어 지난 93년에는 주거지역으로 도시계획이 변경되는 등 토지용도가 바꾸어 이용가치가 크게 높아지자 최근 원소유자 32명이 부지환매를 각계에 진정했다.

대단지 아파트 4 - 양학산KCC스위첸아파트

이름은 양학산이지만 이 아파트가 들어선 곳은 용흥동입니다. 옛날 분들은 이곳을 지방골이라고 불렀답니다. 건설 과정이 제일 이해되지 않는 아파트 중 하나입니다. 앞서 말씀드렸듯이 대규모 아파트가 들어서자면 연못도 메워지고 산도 깎이는 희생이 생길 수밖에는 없겠지만 그건 어디까지나 도시 인구가 급증하고 또 아파트 공급이 부족할 때의 이야기입니다. 하지만 KCC스위첸아파트가 건립될 대는 사정이 좀 다릅니다. KCC스위첸아파트는 2015년에 입주를 시작한 최근 아파트입니다.

이 시기에는 구도심을 벗어나 외곽으로 대규모의 아파트 건설이 이미 완성되었거나 또 한참 진행 중이었습니다. 그런데도 블구하고 구도심인 용흥동에 아파트가 들어선다는 것 자체가 뭔가 납득이 되지 않았습니다. 게다가 이름은 양학산이지만 아파트가 들어선 용흥동 이 자리는 많은 시민들이 찾는 도심 속 산행길로도 유명했습니다. 지금도 많은 사람들이 찾고 있습니다. 뿐만 아니라 포항의 가장 큰 도로 중 하나인 7번 국도 우회도로에서 너무나 잘 보이는 산비탈에는 대형 태극기를 꾸며 놓기도 하고 응원 문구도 장식해 놓기도 했습니다. 그리고 포항에서 석유가 나온다는 뉴스가 전국으로 알려졌을 때 이곳에서도 석유 시추작업이 이루어졌습니다. 물론 결과는 뜨거운 물이 나온 걸로 그쳤습니다만.

아무튼 도심에서 시민들에게 사랑받아오던 산을 깎고, 진입로 또한 넓은 길이 제대로 안 나오는 입지에 아파트가 들어선다는 것은 뭔가 개운치 않은 일이었습니다. 그 결과 용흥동 뒷산은 사라지고 아파트로 둘러싸인 뒷벽이 남아버린 느낌입니다.

양학산KCC스위첸아파트.
길거리에서 용흥동 뒷산을 바라보면 낮은 산과 높은 하늘이 그렇게 편할 수가 없었다. 하지만 지금은 높은 아파트 건물에 시야가 막혀 답답하다. 용흥동 뒷산은 사라지고 아파트로 둘러싸인 뒷벽이 남아버린 느낌이다.

용흥동 지명

1. 감실(甘谷 :감곡) : 포항의료원이 위치한 마을.
   골짜기를 올라갈수록 옛 무덤이 많이 있었음.
2. 감실못(甘實池 :감실지) : 감실에 있는 못.
   '감안지'라고도 불렀다 함.
3. 계명촌(鷄鳴村) : 감실 부근에 있는 마을이라 하나 현재 위치를 알 수 없음.
4. 대안골(大安谷 :대안곡) : '태안골'.
5. 대안곡지(大安谷池) : '태안골못'.
6. 대왕골(大旺谷) : 현대아파트에서 북쪽으로 자리한 마을.
   옛 무덤과 토기가 발견되었다 함.
7. 대흥산 : 용흥우방타운이 들어오면서 대흥초등학교, 대흥중학교가 건립됨.
8. 수도산 : 모갈산이라고도 불렸으며 중앙동과 경계가 되는 산.
9. 양학산 : 양학동과 경계가 되는 산.
10. 연화재 : '연화령', '옛날재'.
11. 옛못(洞池 : 동지) : 감실못 북쪽에 있는 못.
    이 부근에서 가장 오래되었다 하나 현재 위치를 알 수 없음.

12. 용댕이(龍堂里 : 용당리) : 용당이 있던 마을로 용흥동에서 으뜸 되는 마을.

13. 우미골 : 쌍용아파트, 성봉우미타운 등 아파트가 자리함.

14. 죽림동 : 죽림사 부근에 있는 마을.

　　옛 토기와 옛 기왓조각이 많이 발견되었다 함.

　　이 부근에서 신라묘도 발견됨.

15. 죽림산 : 흔히 '탑산'이라 부르는 산.

16. 지방골 : 현재 KCC아파트가 들어선 자리라는 증언이 있음.

17. 집앞못 : 감실못 서북쪽 골짜기에 있는 못.

18. 처녀산 : 감실에 있는 산.

용흥동 연혁

1914	행정구역으로 "용흥동" 탄생
1918.10.31.	경주-포항 구간 협궤철도 개통(포항역 영업 시작)
1938	용흥동을 용흥동1, 2동으로 분동
1939	도립포항의원 설립 인가
1941	경상북도립포항의원 개원(포항의료원 전신)
1941. 4. 11.	제2영일국민학교 개교(포항남부초등학교 전신)
1946. 3. 30.	포항남부국민학교 개명
1953. 3.	동지중학교, 동지상업고등학교 용흥동 57번지로 이전
1955. 6. 9.	용흥동1, 2동을 용흥동으로 통합
1957. 8.11.	전몰학도 충혼탑 건립 (죽림산)
1961. 3.27.	용흥동을 용흥1동, 용흥2동으로 분동
1966	동지여자중학교, 동지여자상업고등학교 개교
1969. 3.20.	포항간호고등기술학교(현 선린대학교) 개교
1970	용흥동 시외버스정류장 개소
1971. 3.22.	경주-포항 간 국도포장공사 기공식
1973	도립동해의료원 개명

1980년대 초 용흥동 전경

1976. 1.16.	전국 신문에 '포항 석유 개발' 기사 실림
1979.12.30.	포항지구전적비 건립(죽림산)
1981. 1. 5.	포항시 우회도로 개통(남부고가, 동지고가)
1982	포항의료원 개명, 의료원 앞 감실못 매립
1984	포항실내사격장 건립
1985	칠성천 복개공사
1986	포항시외버스터미널 상도동으로 이전
1988.10.29.	경상북도포항교육지원청 남부초등학교 부지 내로 이전
1988.11.21.	용흥중학교 설립 인가
1988.12.23.	동지고등학교 용흥동에서 송도동으로 교사 이전
1990. 9.	현대1차아파트 입주
1990.12.	용흥 우방타운 입주
1992.2.	시그너스 호텔 개업
1992.2.12.	동지여자중학교, 동지여자상업고등학교 용흥동 57번지에서 용흥동 511번지로 이전
1992. 3. 5.	대흥중학교 개교
1992. 9. 1.	포항대흥초등학교 개교(포항초등학교에서 분리)
1992. 9. 1.	용흥초등학교 개교(포항초등학교에서 분리)
1993. 4.18.	흥해읍, 용흥동, 우현동 일대 대형 산불 발생
1993. 5.19.	경북과학고등학교 개교
1993. 9. 6.	경상북도과학교육원 용흥1동 418-1번지로 이전

1996. 3. 1.	포항여자전자고등학교(포항여자실업고등학교에서 교명 변경) 신축 교사 이전
1996. 9.	현대2차아파트 입주
1996. 7.	서산터널 준공
1998. 4.	쌍용아파트 입주
1998. 6. 9.	용흥1동, 용흥2동을 용흥동으로 통합하여 행정동면 개정
2002. 2.	동지중학교 용흥동으로 이전
2002. 3.22.	동지고등학교 용흥동 산125-3번지로 교사 이전
2002. 9.16.	학도의용군전승기념관 개관
2006. 7. 1.	민선 4기 출범
2006. 9.25.	용흥동 신라묘 발견
2013. 3. 9.	용흥동에 대형 산불 발생
2014. 3.10.	경상북도포항교육지원청 용흥동에서 양덕동으로 이전
2014. 7. 1.	민선 6기 출범
2015. 4.12.	포항역 흥해 이인리 역사로 옮겨짐
2015.10.	양학산KCC스위첸 입주
2019. 2.28.	용흥중학교 폐교
2019. 5.16.	경상북도 동부청사 개청

에필로그

제가 태어난 곳은 용흥동에 있는 포항의료원 사택입니다. 당시 명칭은 도립포항병원. 아버지께서 도립병원 약제과장으로 근무하셔서 저희 가족은 사택에 살았습니다. 사택에서 나와 이사하여 살게 된 곳도 용흥동이었습니다. 몇 차례 이사를 더 했지만 대부분 용흥동 안에서 이루어졌습니다. 당연히 용흥동에 있는 남부국민학교에 입학하고 졸업했습니다. 용흥동에서 자전거를 타고 중학교, 고등학교를 다녔습니다. 고등학교를 졸업하면서 용흥동을 떠났지만 본가가 용흥동에 계속 있었기에 방학 때마다 용흥동으로 향했습니다. 하여, 줄곧 용흥동에 있었다고 봐도 무방하겠습니다.

의사가 되어 공중보건의로 군복무를 하였는데, 포항의료원에서 이 기간을 보냈습니다. 아버지가 근무하시고 또 제가 태어난 곳에서 공중보건의로 근무하게 된 것입니다. 그때 갓 결혼을 했는데, 포항의 첫 신혼집도 용흥동 우방아파트였습니다. 용흥동과의 인연은 계속 이어져, 용흥동에서 예비군을 마쳤습니다.

어머니는 비록 김천이 고향이시지만, 결혼 후 포항 용흥동으로 오셔서 지금까지 계시니 아마 용흥동에 가장 오래 사신 분 중 한 분이 아닐까 합니다. 저는 지금 용흥동에 살고 있지는 않지만, 매일 용흥동 본가를 찾아뵈니 용흥동에 살고 있는 거나 다를 바 없습니다. 지금도 용흥동 개발자문위원회 위원으로 활동하고 있으니 용흥동과 인연은 이어지고 있는 셈입니다.

龍興
용흥동 이야기

초판 1쇄 발행	2019년 12월 8일
2쇄 발행	2019년 12월 13일
3쇄 발행	2023년 6월 9일

지은이	이재원
펴낸곳	도서출판 나루
펴낸이	박종민
디자인	홍선우

주 소	포항시 북구 우창동로 80
전 화	054-255-3677
팩 스	054-255-3678
이메일	mooae69@hanmail.net
ISBN	979-11-956898-2-8 03090

* 이 책 내용 전부 또는 일부를 사용하려면 반드시 저작권자의 서면 동의를 받아야 합니다.
* 잘못된 책은 바꿔 드립니다.
* 값은 뒤표지에 있습니다.